平凡社新書

975

カラー版

東京で見つける江戸

香原斗志

KAHARA TOSHI

JN083195

HEIBONSHA

はじめに

木々と水辺が多い都市

野鳥のさえずりが絶え間なく聞こえる。何種類もの水鳥が集まり、時に群れをなして飛ぶ。春から秋には多くのチョウが舞い、トンボが空を埋める。江戸はきっとそんな都市だったと想像している。

そう思う理由のひとつは、天保年間（一八三〇～四四）に斎藤月岑《げっしん》が七巻二十冊を刊行した地誌『江戸名所図会《ずえ》』にある。江戸の名所の集大成で、ことに長谷川雪旦《せったん》の挿画がすばらしい。鳥瞰《ちょうかん》するように描かれた写実的で精密な絵から、名所の様子が映像を観るように伝わる。強く感じたのは、江戸は思いのほか木々に囲まれ、水辺が多いということだった。

ただ、『江戸名所図会』には、かぎられた機会を除いて関係者以外は入れなかった大名屋敷が、わずかしか描かれていない。明暦の大火後は広大な屋敷を複数拝領した藩が多く、江戸の面積の半分は大名屋敷が占めたといわれる。そこはどんな空間だったのか。絵図などを見ると、

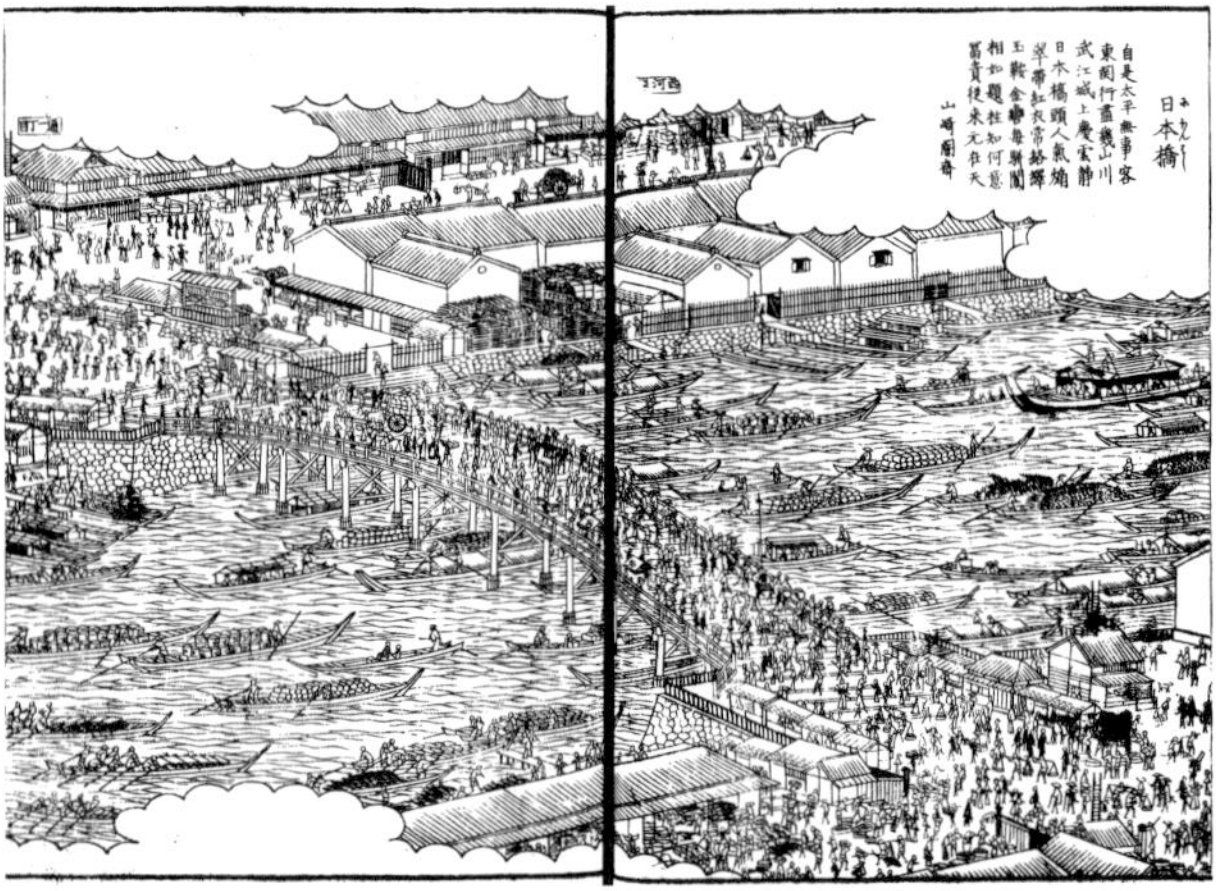

『江戸名所図会』日本橋（国立国会図書館蔵）

市ヶ谷の尾張徳川家上屋敷（フェリーチェ・ベアト撮影）

やはり池があって木々が植えられた庭園が、かなりを占めている。江戸城周辺の比較的狭い上屋敷にも庭園はあった。ましてや中心から外れた中屋敷や下屋敷は、広い庭園がつきものだった。江戸の真ん中を占有した江戸城内にも庭園はあり、そのうえこの城は、内堀と外堀を合わせて広大な面積の水辺に囲まれていた。

これだけ木々と水辺に囲まれていれば、野鳥や昆虫の楽園だったに違いない。

町人地はどうだったか。江戸は七割が武家地で、残りを寺社地と町人地で分けていた。建築史家の内藤昌《あきら》氏によれば、江戸時代後期の人口密度は武家地が一平方キロメートル当たり一万六千八百十六人で、寺社地は五千六百八十二人。一方、町人地は六万七千三百十七人だったという。現在の東京二十三区の人口密度が一万五千人／平方キロメートルだから、武家地はいまと同じくらいだが、町人はすし詰め状態で暮らしていたことになる。

それでも、町人地も水には囲まれていた。江戸では城や武家地は主に武蔵野台地に構えられ、町人地は低地に形成された。それが下町の語源でもあるが、低地は物資が集積する海上交通の要所でもあり、縦横に水路がめぐっていた。カモメが群舞していたはずである。

徳川家康が江戸を本拠としたのは、海運という長距離輸送の手段と、後背地である利根川流域の水運を最大限に利用するためだった、と経済史家の鈴木浩三《こうぞう》氏は説く。江戸は水都になるべく運命づけられていたことになる。また、陣内秀信氏はかつて『東京の空間人類学』で、江戸について、町人の住む下町は「掘割の巡る〈水の都〉」、武士の住む山の手は「起伏に富んだ地形を誇る〈緑の町〉」で、「世界に類例のない〈橋〉と〈坂〉が無数にある町」だったと提起した。近著『水都 東京』では、最近は山の手をふくめ「水都」だったと認識している旨を述べている。その通りであろうと思う。

神意にしたがい自然を支配するヨーロッパ

江戸が「思いのほか木々に囲まれている」と書いたが、「思いのほか」なのは、西洋の都市との違いを感じるからである。私はヨーロッパをよく訪れるが、市街地に緑が多いとはいえない。イタリアのフィレンツェを例にとろう。旧市街は石づくりの建築がぎっしりと建ちならび、木々は中庭などに若干見られる程度である。

教会や修道院の中庭には多少の樹木や花壇が見いだせるが、配置や刈り込み方が幾何学的で、日本のように自然に枝を伸ばした木々に囲まれている例は少なく、鬱蒼《うっそう》と繁っていることはまずない。庭園はどうだろう。典型的なイタリア式庭園として世界遺産にも登録されているボーボリ庭園は、四万五千平方メートルの敷地を緑がおおっている。だが、強い軸線が敷かれ、木々も花壇も幾何学的かつシンメトリーに配置されている。池も同様で、あえて重力に逆らうように噴水が設けられ、そこかしこにルネサンス期や古代の彫像が置かれている。江戸の庭とは発想がまったく違う。

西洋の庭で主張されているのは、人間による自然の支配と管理だろう。大きく影響しているのはキリスト教である。キリスト教の教えでは、すべてのものは唯一絶対の神の被造物で、なかでも人間はほかの被造物より一段高い位置に置かれる。

『旧約聖書』の「創世記」には、神は人間を創造し、「海の魚と、空の鳥と、家畜とほかのすべての獣と、地を這うすべてのものを治めさせる」ことにし、「生めよ、増えよ、地に満ちて、地を従わせよ」と命じたと書かれている。この記述は、人間以外の被造物は神が人間のために創造したものだ、という意味に解釈されてきた。だから、人間は神意にしたがって自然を支配し、利用してこそ、最後の審判の日に永遠の生命を与えられる、と考えられたのである。地獄に堕ちないためには、人間は自然との間に一線を引き、自然を対象化する必要がある、と。行き着いた先のひとつが、幾何学的な構造をもつ庭である。

庭の中心に軸線が置かれているのは、造園に透視図法（線遠近法）が反映された結果だといえよう。これは、奥に伸びる平行線がひとつの消失点に収束するように描く空間の表現方法である。フィレンツェでは十五世紀はじめに、建築家のフィリッポ・ブルネッレスキが鏡に洗礼堂の輪郭を写しとり、どんな建築物の輪郭もひとつの消失点に向かって集約することを発見してから、あらゆる画家が透視図法を利用するようになった。これは言い換えれば、自然は数学的な構造をもつ、と気づいたということだ。

フィレンツェの芸術家にとっては、自然をそのように分析的に表現することは、すなわち神意にしたがうことだった。キリスト教の影響はそれほど大きく、そのことは都市の構造からも実感できる。中心に巨大で華麗な大聖堂がそびえ、規模も存在感も政庁の比ではない。大聖堂を中心に、ドメニコ会のサンタ・マリア・ノヴェッラ教会が西に、フランチェスコ会のサンタ・クローチェ教会が東に、メディチ家の菩提寺サン・ロレンツォ教会が北西にあるなど、城壁内の要所には大規模な教会があって、人々に視線を注いでいる。石造建築が隙なく建ち、どんな街路もすみずみまで石で固められ、添えられた植物は幾何学的に整理されているのも、神意に沿って自然を管理した結果だろう。

日本人と自然との関係

一方、江戸の中心には寺社がなかった。とりわけ明暦の大火後、多くの寺社が周縁に移転させられてからは、日枝山王《ひえさんのう》社や平河《ひらかわ》天満宮、大名屋敷の邸内社、それに江戸城内の将軍霊廟《れいびょう》を除けば、外堀の内側には寺社がほとんど存在しなかった。支配者の宮殿をしのぐ壮麗な教会が真ん中に鎮座し、神意に忠実であるよう人々に問いつづける西洋の都市との、なんたる違いだろうか。代わりに、江戸は木々が自然に枝を伸ばす都市だった。緑が占める割合も、地肌が露出している面積も、フィレンツェなど西洋の都市にくらべ圧倒的に多かった。

大名屋敷内の庭園でも木々は刈り込まれたが、自然を支配した証しとして幾何学的に整える西洋とは、発想が正反対である。江戸の庭園では自然が人工的に再現され、木々を刈り込む際も、枝がいかにも自然に伸びているように見せることに腐心する。時に日本各地や中国の名勝

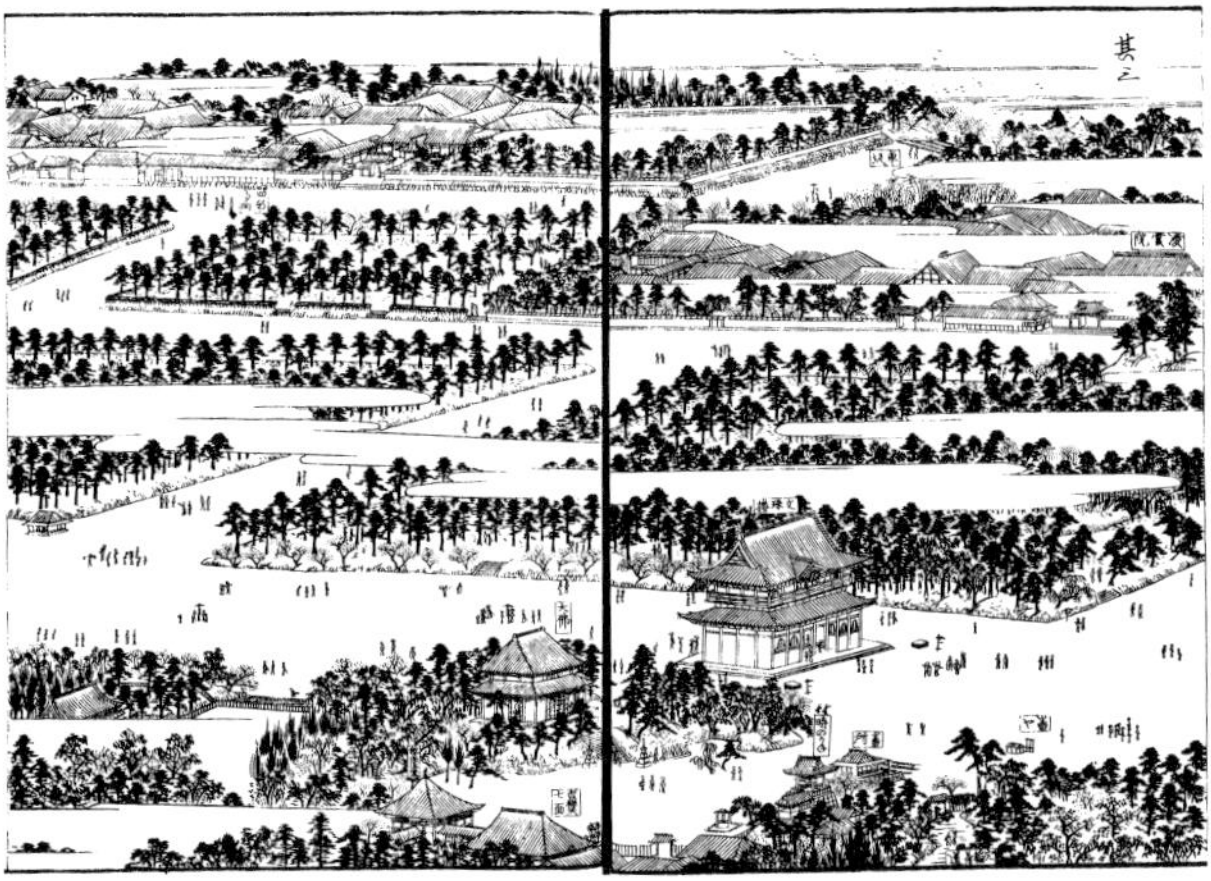

『江戸名所図会』東叡山寛永寺其三（国立国会図書館蔵）

がミニチュアとして取り込まれる一方で、噴水のように自然に逆らうものや、人体を表現した彫像はない。ありのままの自然に包まれているかのような空間が、人工的につくり上げられた。

そこでは自然は対象化されず、反対に人間と調和し、一体化している。それは絵画を見ても明らかだ。江戸城や大名屋敷の御殿を飾る襖絵《ふすまえ》や障壁画に描かれたのも、松や梅、竹、花鳥のほか、虎や獅子などで、人間は描かれても主役ではない。透視図法による分析的な構図のなかに、人間に擬した神、あるいは人間そのものが描かれる西洋の壁画とはあまりにも異なる。

人間と自然の調和は宗教からも読みとれる。江戸の遺産に即していえば、徳川家康も神になり、富士信仰では富士山そのものが神だとされた。各所に神木があるように、植物もまた神になった。キリスト教では神と人間、自然が明確に分けられ、人間や自然が神格化されることは決してない。ところが日本では、自然は神にさえなるのだから、自然を人間が支配し尽くすという発想も生まれないだろう。自然を使いこなすよう人間に厳しく求める神と、自然のなかに潜み、それどころか自然そのものである神。江戸城の本丸御殿が、狩野派の画家が描いた自然で鮮やかに飾られ、江戸じゅうの大名屋敷の庭園に銘木が植えられたのは、フィレンツェの宮殿の壁面に、人間の姿をした神々の事績が描かれ、庭園の池に神々の彫像が置かれたのと、同じことなのかもしれない。

ただし、日本の神々と西洋の絶対神とでは、人間精神への厳しい支配力が比較にならない。日本の神々は人間にやさしいとさえいえる。神道は祟《たた》る存在をなだめることにはじまりながら、次第に現世利益を請う対象になっていった。個人の救済を担ったのは仏教だが、日本では神仏習合によって神と仏は明瞭には区別されず、少し雑駁《ざっぱく》な表現が許されるなら、神も仏も現世利益に結びつけて信仰されるきらいがあったと思う。そのうえ、江戸時代には主としてキリシタンの取り締まりを徹底するために、だれもが家単位で寺の檀家になる寺請制度が施行され、寺院も事実上、戸籍の管理者という実務的な存在になっていた。

人はだれでも、やさしい存在には甘えがちになる。江戸幕府も寺社に甘えた結果、それらを都市の中心に置くよりは周縁に配置し、精神的にも実質的にも、江戸という都市を外敵から守ってもらおうとした。そうした環境下では、宗教が人間精神に与える影響は知れている。江戸が自然あふれる、よい意味でゆるい都市であった背景には、そんな事情も読みとれる。

建物や構築物こそ道標に

江戸は山を削り、海を埋め、台地を切り裂いて造成された人工都市である。だが、ヨーロッパのように自然を対象化し、幾何学的に整備するという発想も必要性もなかったので、自然の地形を活かしながら、ことさらに人工を主張せずに町がつくられた。そして木々と水に囲まれ、人間と自然の調和のとれた美しい都市が誕生した。

それにしては、色も様式も高さも好き勝手に建てられたビルが無秩序にならぶいまの東京に、江戸の美しさはほとんど受け継がれていない。自然に寄り添うのは日本人の美徳であったはずだが、それがいとも簡単に忘れられたのは、自然との関係が神仏との関係と同様にゆるく、自然を突き放して眺める機会がなかったことの裏返しでもある。自然の秩序に目を向ける習慣があれば、町づくりでも、全体の調和にもっと目が向いたのではないか。庭園づくりに見られる、自然を人工的に再現するという発想も、自然のかけがえのなさに気づく邪魔になったのではないだろうか。

だからこそ、本書は目に見える江戸にこだわり、原則として、現存する江戸時代の建造物や構築物を取り上げている。関東大震災と太平洋戦争の空襲を経験した東京に、江戸以来の建築が数多く残っているとはいえない。しかし、被害のわりには意外に残っている。それらは在りし日の江戸を思い描くための、なによりの道標《みちしるべ》になる。

そして、逆説的ではあるが、水と緑に囲まれた美しい江戸の豊かさを認識し、それを少しでも取り戻すためには、西洋の発想に学ぶ必要がある。いまに残る遺産にただ寄り添うのではなく、眺め、対象化してはじめて、なにを守り、なにを取り戻すべきなのか、気づくことができるのではないだろうか。

取り上げたスポットにはすべて足を運んだ。いずれも訪れるに値する江戸の遺産で、おそらく大きな漏れはないのではないかと思う。それらを紹介しつつ、その意味や価値を、江戸という都市の全体像のなかで把握できるように心がけたい。

それでは、出発しよう。

カラー版　東京で見つける江戸●目次

第三章　震災、戦災を生きのびた寺社

千住宿
大和郡山藩下屋敷
[六義園]
日光御成道
吉祥寺
中山道
大聖寺藩下屋敷
[須藤公園]
根津権現
奥州道中
隅田川
石川植物園
寛永寺
水戸藩
中屋敷
上野
浅草寺
水戸藩下屋敷
[隅田公園]
加賀藩上屋敷
[東京大学
本郷キャンパス]
不忍池
吾妻橋
水戸藩上屋敷
[後楽園]
小石川門
神田川
水道橋
飯田橋
笠間藩下屋敷
[旧安田庭園]
牛込門
御茶ノ水
筋違橋門
浅草橋門
両国橋
田安門
清水門
雉子橋門
一橋門
神田橋門
三の丸
本丸
二の丸
大手門
吹上
常盤橋門
和田倉門
日本橋
半蔵門
西の丸
呉服橋門
日本橋川
岡山藩
上屋敷
東京
関宿藩下屋敷
[清澄庭園]
二重橋
外桜田門
馬場先門
広島藩上屋敷
[国土交通省ほか]
鍛冶橋門
鳥取藩上屋敷
日比谷門
福岡藩上屋敷
[外務省]
数寄屋橋門
虎ノ門
薩摩藩上屋敷
幸橋門
新橋
東海道
仙台藩上屋敷
浜御殿
[浜離宮恩賜庭園]
増上寺
江戸湾
紀州藩下屋敷
[旧芝離宮恩賜庭園]
山藩中屋敷
タリア大使館ほか]

本書に登場する主な江戸時代の遺構

［　］内は跡地に存在する現在の主な施設
位置関係がわかりやすいよう、現在の主要駅・JR線を加えた
『太陽の地図帖6 古地図で歩く江戸城・大名屋敷』（平凡社、2011年）8〜9ページの地図を参考にした

『太陽の地図帖6 古地図で歩く江戸城・大名屋敷』(平凡社、2011年) 22ページの地図を参考にした

第一章　江戸城を外から眺める

1　江戸城の外郭を一周する

空前の規模の城

徳川家康が天正十八（一五九〇）年、滅ぼされた小田原の後北条氏が治めていた関東への国替えを豊臣秀吉に命じられ、駿府（静岡）から移ってくるまで、江戸は湾の奥に開けた小さな町だった。もっとも、一部に記されているような、人家はまばらで葦原《あしはら》が続くだけの寒村だったという話は、いまでは否定されている。当時は利根川が江戸湾に流れ込んでいたこともあり、関東はもちろん東北南部からも人と物が江戸に集まっていた。伊勢湾など西方との間の海運も盛んだった。つまり、海陸交通の要衝で多くの商人が集まり、人家も建ちならび、市が毎日開かれる賑わいのある町だったようだ。のちに日本の首都、東京となるこの地域のポテンシャルには、先人も気づいていたのである。

とはいえ、京や大坂の賑わいとはくらべるべくもない。太田《おおた》道灌《どうかん》が長禄元（一四五七）年に築いた城は、その後も小田原城の有力な支城として機能していたが、三つの曲輪《くるわ》（城内に設けられた平坦な区画。本丸や二の丸も曲輪のひとつ）の周囲を空堀で囲んだ簡素なつくりで石垣は用いられず、安土城や大坂城など総石垣の絢爛豪華な城郭をすでに見慣れていた目には、貧相に映ったことだろう。

それが四百三十年前の江戸の姿だが、慶長八（一六〇三）年に幕府が置かれてからは都市建設が絶え間なく進められ、その規模は拡大しつづけ、十八世紀半ばには推定人口百三十万人という世界最大級の都市に成長した。

それにしては、東京に残る江戸時代の建築や土木の遺産は少ないように思えないだろうか。ことさらに意識しないかぎり、目に入るのは高層ビルや密集する雑居ビル、マンション群など、歴史都市とは思えない光景ばかりだ。このため、東京がかつて江戸だったことを忘れている人さえいる。

事実、江戸の記憶は過去に数回、大きく破壊されている。明治政府が新たな首都として、景観の欧化をともなう都市改造を進めたのが最初である。近世の政治や社会の体制が解体され、城や武家地は打倒された幕藩体制の遺物として破却の対象になった。それでも残った江戸時代の建築と風情は関東大震災で大きく損なわれ、太平洋戦争の空襲にとどめを刺された。そこで終わらず、戦後すぐに戦災のがれきが埋められて外堀や水路が消え、かろうじて残った水辺も埋められるか、上空を高速道路でふさがれるかした。さらには、バブル期やその後の大規模再開発に、残滓《ざんし》すら一掃された場所も多い。

それでも、古地図を片手に起伏に富んだ東京の町々を歩くと、現在の道路や区画に、江戸の町の構造が意外なほど受け継がれている。私はそうして過去とのつながりを確認し、安堵《あんど》することがある。その一方で、地形も道の位置も変わらないのに、この目でたしかめられる江戸の痕跡がなにもなくて、残念に思うこともある。

ヨーロッパの建物は石やレンガづくりなので耐久性があり、燃え尽きにくいので再生もしやすいが、反対に壊すのはひと苦労だった。「はじめに」にも書いたが、そもそも西洋の都市では地肌を残すことが好まれず、自然は石やレンガで征服された。片や日本の木造建築は焼けやすく、壊すのもたやすかった。土と共存し、石の使用もかぎられた。このため、東京は西洋の歴史都市とくらべると、伝統建築が残っていないに等しい。

だが、西洋のように街路に建ちならんではいる例こそほとんどないが、災禍をくぐり抜けてきた江戸建築は、実はあちこちに隠れている。また、木造の構築物でなければ街路にも残っている。たとえば石垣であり、石垣といえば城だろう。「東京に城があるんですか？」と真顔で聞かれることがあるが、もちろん、ある。それも世界最大級の城がある。徳川将軍家の居城であった江戸城である。

江戸城は慶応四（一八六八）年四月、新政府軍に明け渡され、同年九月、明治と改元されると、翌月に東京城《とうけいじょう》と改称され、その翌年、皇城（現在の皇居）となった。そこにはいまも江戸がおおいに残っている。ただし、広大な皇居はかつての江戸城の一部にすぎない。江戸城は、皇居と皇居前広場、北の丸公園などで構成される内郭が周囲およそ二里（約七・八五キロ）、それを外堀で囲んだ外郭が周囲およそ四里（約十五・七キロ）、総面積が約二百三十万平方メートルにもおよぶ、空前の規模の城だったのだ。

意外なほど残る外堀の遺構

そのとてつもないスケールは、いまも実感できる。外郭を囲む外堀を訪ねてみよう。はじめは四ツ谷駅からJR中央線に乗って、御茶ノ水方面に向かうだけでいい。市ヶ谷から飯田橋にかけて左の車窓に広大な水辺が眺められるが、これが外堀である。

四ツ谷から飯田橋までは進行方向の右側に斜面が切り立ち、左側に水面がある。右側の高い土手は外堀の土塁で、実は中央線は外堀の一部を埋めて敷かれている。一八九〇年代に新宿から都心に向けて鉄道を通すとき、外堀を利用したのだ。外堀のなかに置かれたから、四ツ谷や市ヶ谷の駅は少し下がったところにある。また、四ツ谷から飯田橋まで駅の近くに外郭の門の跡があるのは、城門に通じる土橋で外堀を横断できる場所に駅が設けられたからだ。

外郭の門は俗に「三十六見附」といわれた。赤坂見附や四谷見附でおなじみの見附とは、交通の要所に置かれた番兵による見張り所のことで、江戸城では門そのものを指した。だから赤坂門が赤坂見附ともよばれたのだ。それらの大半は枡形《ますがた》門という形式で、三十六という数字は語呂合わせと思われるが、外郭だけで二十六の見附があったと記録されている。

枡形についてはまた詳述するが、枡とは米や液体の量をはかる四角い容器のこと。つまり枡形とは四角い空間で、そこには二つの門が開けられている。高麗《こうらい》門という形式の門をくぐって枡形に入ると正面はふさがれていて、直角に曲がった右側か左側に、一層の櫓《やぐら》（防御や物見の

外堀の中を中央線が走る

ための建造物）が乗った大きな渡櫓《わたりやぐら》門がある。敵が城内に直進するのを防ぐとともに、四角い空間に閉じ込めて殲滅《せんめつ》するための工夫で、城の出入り口を虎《こ》口《ぐち》というため、枡形虎口ともよばれた。

外堀を東へ

外郭の門の多くは寛永十三（一六三六）年、江戸築城の総仕上げに築かれたが、明治六（一八七三）年までにすべて撤去され、残された石垣も往来の邪魔になるからと徐々に取り払われた。しかし、四ツ谷駅前には四谷門の枡形北東隅の石垣が残っている。

また、この石垣から中央線沿いに続く土手は外堀の土塁で、線路までのなだらかな斜面は、そこに生える松とともに江戸時代の雰囲気をよく残す。外堀の土塁上には当初から塀が建てられず、松や杉が植えられていたのだ。この土塁は、上智大学のグラウンドになっている真田《さなだ》濠《ぼり》を掘った残土を積み上げたもので、真田濠もいまは空堀だが、戦後に戦災がれきが埋められるまでは水をたたえていた。水面が失われたいまも、上幅百十メートルという堀のスケール感はよく伝わる。

市ケ谷門は明治四（一八七一）年に撤去され、築石がいくつか残されているだけだが、門に続く土橋には石垣が残っている。土橋の東側は堀の一部が釣り堀になっていて、そこから見上

上幅110メートルの真田濠

市ヶ谷門前の土橋を支える石垣

内側から見た牛込門の渡櫓台

げると、市ヶ谷駅前の自動車が絶えず往来する土橋が往時の石垣に支えられている。この石垣は駅のホームからも、土橋に向かって右側にのぞき見ることができる。土橋上から左右の堀を見下ろすと、四ッ谷寄りの水位のほうが明らかに高い。台地上に築かれた江戸城では、水位の異なる堀を棚田のように並べていたのである。

また、JR飯田橋駅の市ヶ谷寄りにも牛込門の立派な石垣が、中央線の線路からそびえている。枡形南側の渡櫓門の石垣だ。交番の背後にも高麗門の北側を支えていた石垣が残っていて、最近、駅の改修に合わせて整備され、眺めやすくなった。交番脇にある直方体の石は、牛込門の基礎として地中に置かれていたもので、「入阿波守門」と刻印されている。普請を担当した阿波国徳島藩主、蜂須賀《はちすか》忠英《ただてる》の名を刻んだのだろう。総じて牛込門は、外堀の門のなかで旧態を最もよくとどめている。土橋の北側の飯田濠は、残念ながら一九八〇年代初頭に埋められてしまったが、土橋を支える石垣が残り、水位が高い市ヶ谷側の堀から水が流れ落ちる様子が、土橋の石垣とともに駅のホームからも観察できる。

飯田橋をすぎると、中央線はひときわ高いところを走る。外郭に沿って塁上に線路が敷かれているのだ（土手は明治期に築かれた可能性がある）。御茶ノ水まで行くと深いV字の渓谷の底を神田川が流れ、斜面の半ばに、その一部を削って駅が設置されている。第四章で取り上げるが、これは自然の川ではない。元和年間（一六一五～二四）に神田山を開削して神田川が通され、外堀の役割も担った。つまり人工的に構築された江戸城の一部なのである。神田川にはさらに下流に筋違橋《すじかいばし》門、浅草橋門という二つの枡形虎口が設けられ（筋違橋門の石垣は、秋葉原電気街の南端に架かる万世橋に用いられている）、隅田川に注いでいる。

外堀を南へ

四ツ谷まで引き返して電車を降り、赤坂御用地に沿って赤坂見附方面に下ろう。左側には水面こそ埋められているが深い外堀が続く。しばらく歩くと、ホテルニューオータニ方面につながる土橋があり、渡ると両側に土塁があって道路が鉤《かぎ》の手に曲がっている。枡形を設けず、左右の土塁を食い違わせて直進できないようにした喰違《くいちがい》門の跡である。外郭の門ではここだけが土塁で築かれていた。往来の邪魔になりすぎないように土塁の一部が削られているが、いまも旧状をとどめたまま車道として機能していることに驚かされる。

土橋上から左右の堀を覗き見ると、喰違門に向かって左の真田濠よりも右の弁慶濠のほうがずいぶん低い。水位の差が十五メートルほどあるのだ。すでに見たように、江戸城の堀は各所で水位が異なる。牛込門や市ヶ谷門、四谷門、喰違門前の土橋は、ダムの役割を果たしていた。

外堀の外側をさらに下ると、弁慶濠の水面が間近に見えてくる。弁慶濠は紀尾井町《きおいちょう》方面に向かう弁慶橋（架橋されたのは明治二十二年）の先で内側に大きく入り込んでいる。この付近は湿地帯で地盤が弱かったので、赤坂門は地盤が固い内側の丘の上に置き、その丘に沿うように堀が設けられたのである。

車道が鉤の手に曲がっている喰違門跡

いまも水をたたえる弁慶濠

　福岡藩主の黒田忠之《ただゆき》が普請を担当した赤坂門は、枡形の北西側の石垣が国道二四六号（青山通り）沿いに残っている。また東京ガーデンテラス紀尾井町からは、赤坂門に連続する外堀の高石垣に接近できる。

　赤坂門から先は、外堀通りという名が残るだけで堀は埋められてしまっている。江戸時代初期には上水として使われた溜池《ためいけ》も外堀に組み込まれ、現在の溜池交差点の位置はかつての池のなかに相当する。また、外堀には櫓《やぐら》門を除けば溜池にだけ、櫓が建つ櫓台の石垣があった。家康が入府し

国道246号沿いに残る赤坂門の枡形の石垣

た当時は、溜池東方の虎ノ門の位置が東海道の起点とされ、それが日本橋に移されてからも、江戸を守るうえで重要な場所だと考えられていたためである。鳥取藩主の池田光仲《みつなか》が築いたこの櫓台の一部が、虎の門三井ビルディングの前に残っている。

この先、外堀は新橋駅近くの幸橋《さいわいばし》門などをへて、浜御殿（現在の浜離宮恩賜庭園）の脇で江戸湾につながっていた。東京メトロ虎ノ門駅には心憎い見せ場がある。虎ノ門周辺の外堀の石垣が、平成二十（二〇〇八）年からの文部科学省新庁舎建設工事で発掘された際、これを整備し、江戸城外堀跡地下展示室として駅の構内からも眺められるようにしたのだ。文科省の新旧庁舎の間にも石垣が再現されている。

かなりの距離を移動したが、江戸城外郭の途方もない規模と、それに沿って、江戸の痕跡が東京の見慣れた景色のなかに意外なほど残っていることを、実感できたのではないだろうか。

2　江戸城の内郭を一周する——北の丸

全国大名による天下普請

　これほど巨大な城を築けたのは、幕府が諸大名に命じ、諸大名の負担で工事を請け負わせる天下普請という手を使えたからである。武士には、主君に領土を守ってもらう代わりに軍事面で主君を支える義務があり、軍役とよばれた。天下普請は軍役の変形で、幕府から命ぜられれば、大名は受けるしかなかった。

　とはいえ、徳川家康も関ヶ原の戦いに勝つまでは豊臣政権下の一大名にすぎず、城を拡大すればあらぬ嫌疑をかけられかねないので、江戸城の改修は最小限にとどめていた。天下普請がはじまるのは、慶長八（一六〇三）年に家康が征夷大将軍に任ぜられてからで、翌九年、西国の二十九大名に命じて以降、三代将軍家光の時代の寛永十三（一六三六）年開始のものまで、大きく分けて五回におよんだ天下普請を通して、外郭をふくむ江戸城の総構えが完成した。

　第一次天下普請では、本丸、二の丸、三の丸、北の丸のほか、溜池から雉子《きじ》橋までの外郭が築かれた。追って東北や関東、信州などの大名も駆り出され、慶長十六（一六一一）年までに西の丸や吹上も整備されている。大坂の陣の直前、慶長十九（一六一四）年の第二次天下普請では、本丸から三の丸にかけての石垣が大規模に修築され、ほぼ今日見る姿になった。ほかにも西の丸を囲む堀が拡張され、いま皇居外苑になっている西の丸下の石垣が整えられるなどした。半蔵門から外桜田門にいたる幅百メートルを超える堀も、このとき普請されている。

豊臣氏が滅ぼされ、徳川家の支配体制が盤石になると、元和六（一六二〇）年、第三次天下普請が主に東国の大名に命ぜられ、大手門の枡形が再整備されたほか、内桜田門から清水門までの石垣や、清水門や田安門などの枡形が整えられた。三代家光の命による第四次天下普請は寛永五（一六二八）年から行われ、外郭の石垣などが築かれた。そして、寛永十三（一六三六）年からの第五次天下普請で、外郭の堀や枡形が整備され、江戸城の全体がひとまずの完成をみたのである。

その間、動員された大名は延べ四百七十一家を数え、最も多くの大名に命ぜられた第五次天下普請では西国大名六十一家、東国大名五十四家が携わり、石積みの経験が豊富な西国の大名が主に石垣を築き、東国の大名が堀を掘った。

信じがたいほどの逸話も残されている。慶長十一（一六〇六）年には石垣用の石材を運ぶために三千艘の石船が伊豆半島に集まり、切り出された膨大な石を載せたが、折からの暴風雨で鍋島勝茂《なべしまかつしげ》の百二十艘、加藤嘉明《よしあき》の四十六艘、黒田長政《ながまさ》の三十艘、ほかに五十三艘が海に沈んだという。慶長十九（一六一四）年四月には、紀州を治める浅野長晟《ながあきら》が築いた石垣が崩壊し、百五十余人が圧死したと記録されている。寛永五（一六二八）年には、加藤忠広《ただひろ》（加藤清正の子）のもとで大勢が音頭をとりながら石を運んだ際、人夫に死者やけが人が続出したばかりか、綱

清水門と土橋

で引かれた石が街角を曲がれず、多くの町屋を破壊しながら進んだという。

清水門の水戸違い

江戸城の内郭、すなわち内堀とその内側を観察していきたい。

江戸城イコール皇居と思っている人が多い。しかし、皇居になっているのは全体ではない。宮内庁が管理する皇居の敷地面積は百十五万平方メートルだが、江戸城内郭全体は二百三十万平方メートルにおよぶ。皇居の二倍の広さだったのである。ほかの城の内郭は、たとえば姫路城が二十三万平方メートル、熊本城が二十万平方メートル、徳川御三家筆頭の城である名古屋城でも三十五万平方メートルで、将軍の城がいかに桁外れの規模であったかがわかる。

環境省が管理し、日本武道館のほか科学技術館、東京国立近代美術館などが建つ北の丸公園も、かつては江戸城北の丸だった。最初に北の丸から訪問しよう。

地下鉄の九段下駅を降りて竹橋方面に少し歩くと、堀に架かる土橋の向こうに、北の丸の入り口のひとつである清水門が見える。土橋を渡りきる前に、右の牛ヶ淵と左の清水濠を見くらべてほしい。水位は牛ヶ淵のほうが明らかに高い。

江戸城は武蔵野台地の東端から沿岸部にかけて築かれ、もともとそこには、川が刻んだ小さな谷が複雑に入り組んだ舌状台地が海岸の際まで迫っていた。したがって高低差がかなりあるため、土地の高さに合わせて棚田のように堀の水位も変え、一定の水位を超えると水は低いほうの堀に流れ込み、水量が自然に調整されるように工夫されていた。清水門の前の石橋（かつては木橋だった）の下には水落しとよばれる石製の堰が残り、いまも牛ヶ淵の水が清水濠に流れ落ちて水位が調整されている。このように堰を設けて堀の水位に高低差をつけることを、水戸違《みとちが》いとよぶ。

さて、現在の清水門は、江戸の六割強が焼失した明暦三（一六五七）年の大火後、万治元（一六五八）年に再

清水門前に残る石製の堰「水落し」

建されたものが現存する（江戸城に現存する建造物はいずれも関東大震災で破損し、修復されているが、本書では現存とよぶ）。この門を見ながら、江戸城の門の基本構造をあらためて確認しておきたい。

前述のとおり、城の出入り口は虎口とよばれ、江戸城の虎口の多くは枡形という四角い空間が付属する。外側の一の門から枡形に入ると、多くの場合、正面は土塀や一層の多聞櫓《たもんやぐら》が建つ石垣でふさがれ、二の門は直角に曲がった面にある。敵は直進できず、しかも四角い空間に閉じ込められたところを、三方から銃を浴びせられるわけである。ちなみに、これから訪れる枡形の多くは清水門同様、右に直角に曲がる。刀などの武器を右手で持つなら、右に攻め上がるときのほうが使いにくい。つまり敵が攻めにくくしてあるのだ。

外側の一の門には通常、切妻屋根の高麗門《こうらい》が置かれる。本柱の後ろに建つ控え柱の上にも屋根と直角に小さな切妻屋根が乗る形式の門で、豊臣秀吉による朝鮮の役後に数多く建てられるようになったので、この名がある。一方、内側の二の門には渡櫓門が置かれるのが一般的だ。渡櫓門には廊下のような一層の渡櫓が載せられている。

清水門は通路まで江戸の雰囲気

清水門も枡形虎口で、高麗門をくぐった先に枡形があり、右に折れたところに渡櫓門がある。二つの門は国の重要文化財に指定されているが、櫓門の渡櫓は、時期は不明だが一度撤去され、昭和三十六（一九六二）年からの工事で復旧された。また清水門では渡櫓門を通り抜けても、さらに百八十度回らないと先に進めない。それほど念入りに守りが固められていたのである。回り込むと雁木坂《がんぎ》とよばれる幅のある石段を上るが、一段一段高さがあるうえに不ぞろいで歩きにくい。これも防御の工夫のひとつだった。石段の右側には下水道も残っている。

雁木坂の左手の石垣上からは清水門の枡形全体を俯瞰できる。渡櫓門の正面に塀がないが、これは敵を堀に落とし、その対岸と、まさにいま立っている位置から銃撃できるようにするためである。

ところで、江戸城内の通路はいま、ほとんどが舗装されている。自動車が通行できるように石段などは撤去されてしまったのだ。唯一、清水門周辺は未舗装で石段も残り、ほぼ江戸時代の状態が保たれている。清水門の周囲の様子を目に焼きつけておくと、ほかの門を訪れたときに昔の姿を想像しやすい。

このあたりの石垣には、ノミで刻まれた種々の模様があちこちに見つかる。江戸城は天下普請で築かれた。幕府は諸大名に出費を強いて造反する力を奪いつつ、彼らの築城技術を借りて、だれも攻められず、ひと目見て腰を抜かすほどの巨大で堅牢な城を完成させた。徳川幕府二百六十五年の礎《いしずえ》が、天下普請で築かれたといっても過言ではない。清水門周辺の石垣も十家以上の大名が分担した。だが、多くの大名が動員されれば、石を切り出すときや積み上げるとき、どの石がどの藩の持ち分だかわからなくなりがちで、石材の盗難も相次いだという。そこで各大名は、自分たちの石であることを示すために刻印を入れたのである。

江戸城には百万個とも二百万個ともいわれる、膨大な量の石材が使われた。だから気づきにくいが、江戸では石材は非常に貴重だった。東京やその近郊に住んでいると実感しやすいが、

清水門の高麗門から直角に曲がって右手の渡櫓門を見る

清水門を抜け、180度転回してのぼる雁木坂と下水道

雁木坂の左手の石垣上から清水門の枡形を俯瞰する

東京では地面を掘っても、台地を切り崩しても、関東ローム層のやわらかい赤土、またはその下の砂礫《されき》層が掘り返されるだけだ。たとえば、ルネサンス発祥の地フィレンツェは、町の地下から石材をいくらでも採掘できたが、それとは事情がかなり異なる。

そもそも関東地方では、安山岩《あんざんがん》や花《か》崗岩《こうがん》など石垣に適した硬い石材があまり採れない。このため、諸大名は石が豊富な伊豆半島周辺に殺到し（伊豆は天領でもあった）、石船で江戸に運んだ。数十トンもの巨石を切り出すのは危険な工事で、運搬はさらに危険だった。暴風雨で多くの石船が沈んだという記録もひとつではない。石を盗まれたくなかったのも当然だろう。

明暦の大火でも焼けなかった田安門

北の丸には幕末まで、清水門に続く雁木坂を上りきった右側に清水徳川家、その西側には田安徳川家の上屋敷があった。江戸時代初期は徳川家の親族の屋敷が置かれ、三代将軍家光のころは、家光の三男で甲府藩主になる綱重《つなしげ》(六代将軍家宣の父)や、乳母の春日局《かすがのつぼね》、弟の駿河大納言忠長《ただなが》らの屋敷が並んでいたが、これらは明暦の大火で焼失。その後、しばらく防火のための火除地《ひよけち》になっていたが、享保十六(一七三一)年、八代将軍吉宗の次男、宗武《むねたけ》にはじまる田安家、宝暦九(一七五九)年には九代将軍家重の次男、重好《しげよし》が起こした清水家が、それぞれ上屋敷を置いたのである。

田安家も清水家も家名は屋敷に近い門からとられ、吉宗の四男、宗尹《むねただ》を祖とする一橋家とともに御三卿《ごさんきょう》とよばれた(一橋家も屋敷が一ッ橋門に近接していた)。御三家に次ぐ家格を誇り、将軍の跡継ぎがいないときに出す資格があった。一方、北の丸の南半分は、その後も建物の密集を避けるため、火除地に近い状態で残されていた。

北の丸一帯は、明治になって近衛《このえ》師団が置かれたこともあり、これらの屋敷をしのばせるものは残っていないが、日本武道館が建つあたりが清水家の屋敷の北部だった。その北側にある田安門は、武道館の正門のようだが、れっきとした江戸城の城門だ。それどころか、高麗門の扉釣金具には「寛永十三丙子歴」と刻まれている。寛永十三(一六三六)年は、第五次天下普請で江戸城が外郭まで完成した年。田安門はそのときに建てられたオリジナルで、明暦の大火でも焼けなかった、江戸城に残る最古の建造物のひとつと考えられるのである。

武道館から田安門に向かうと、まず二の門である渡櫓門がある。その先には清水門より大きな枡形が広がり、鉤状に左に曲がったところに高麗門がある。ともに国の重要文化財だが、渡

田安門の高麗門から
渡櫓門を見る

田安門枡形内の切込接
でパッチワークのよう
に積まれた石垣

櫓は清水門と同様、大正末から昭和初期に撤去され、昭和三十六（一九六一）年からの工事で復旧された。また、枡形内の石垣に目を向けると、加工された石が象嵌《ぞうがん》細工のようにすき間なく積み上げられている。この積み方を切込接《きりこみはぎ》という。

城の石垣は、石の加工の仕方で大きく三つに分けられる。ほとんど加工していない自然石を積み上げる野《の》面積《づらづみ》、角や面をたたくなどある程度加工し、石と石との間のすき間を小さくした打込接《うちこみはぎ》、石の接合面をしっかり加工し、すき間なく積み上げた切込接である。織田信長が天正四（一五七六）年から総石垣で築き、近世城郭のはじまりといわれた安土城も、石垣はまだ野面積だったが、その後の築城ラッシュのなかで石垣を積む技術は短期間に飛躍的に進化。関ヶ原の戦いの前後から打込接が増え、これが近世城郭の石垣の標準となった。その後、切込接が登場するが、技術的な難度が高く手間もコストもかかるので、それほど普及しなかった。

しかし、江戸城の門の周囲には切込接の石垣が目立つ。しかも、石ひとつひとつが大きい。戦闘が目的の戦国の城と違い、近世の城には権力の象徴という性格があった。将軍家の権威を天下に示すという任を負った江戸城は、その最たるものである。諸大名をはじめ登城者に、彼らの城とは比較にならないほど巨大な門と、精巧に積み上げられた巨石を見せ、怖気《おじけ》づかせるねらいがあった。

また、積み上げられた石にはグレーやベージュのものが織り交ぜられ、品のいいパッチワークのように美しい。伊豆半島周辺で採石されるのは硬い安山岩と、比較的やわらかい凝灰岩で、石垣には主にグレーの安山岩が使われた。一方、ベージュの石は花崗岩で、摂津（大阪府）や瀬戸内からわざわざ運ばれた。美しさの背景には途方もない労力が注がれていたのである。

3　江戸城の内郭を一周する――千鳥ケ淵〜外桜田門

上水用のダム湖

田安門の外に架かる土橋の右側は、清水門前まで続く牛ヶ淵で、左側は花見の名所として知られる千鳥ヶ淵である。左右を見くらべると千鳥ヶ淵のほうが水位はかなり高く、その差は約十メートルにもおよぶ。ともに江戸城内郭を囲む内堀だが、「堀（濠）」ではなく「淵」とよばれるのにはわけがある。淵とはダム湖のことで、二つの淵は家康が江戸に入った直後の文禄元（一五九三）年ごろより、麴町《こうじまち》方面から流れる川をせき止めてつくった飲み水のための貯水池に起源がある。武蔵野台地の東端と、その先の海に面した低地につくられた江戸では、当初から良質の水の確保が難しく、家康はその問題解決に真っ先に取り組んだのである。外堀の溜池も同様のダム湖だった。

戦後、緑道が整備されたので千鳥ヶ淵に沿って歩けるが、桜が植えられたのは明治になってからだ。堀の向こう側には緑の斜面が続く。北の丸とその南の吹上を囲む土塁で、かつて川沿いを構成していた自然の地形が美しく造形されている。よく見ると上部には石垣がある。このように土塁上に築かれた石垣を鉢巻《はちまき》石垣とよび、もともとはその上に土塀や多聞櫓が建てられていた。万が一、敵が堀を渡って土塁をよじ上ろうとも、城内にはたどり着けないように防御されていたのである。

緑道をしばらく歩くと、堀の幅が湖のように広くなる。残念ながらボート場の少し先の水面

千鳥ヶ淵

千鳥ヶ淵を首都高都心環状線が横断する

雄渾な大河のような桜田濠

上を、首都高速道路都心環状線が横断している。歴史的な光景と遺産の破壊で、残念に思うのは私だけではないだろう。そこから三百メートルほど進むと土橋があって、その先はいま半蔵濠とよばれているが、この土橋は明治三十三（一九〇〇）年、代官町通りを通すために設けられたもので、それ以前は千鳥ヶ淵が半蔵門まで続いていた。

半蔵門交差点前の土橋の向こうに、その名も半蔵門がある。江戸城の搦手口《からめてぐち》、つまり裏口にあたる重要な門で、伊賀忍者を束ねる服部半蔵の屋敷が近くにあったことから、その名がついたという説がある。門から先は皇居なので入れないが、ここも高麗門を通ると右に折れ曲がって渡櫓門を通過する枡形虎口だった。櫓門は明治時代に撤去され、高麗門は太平洋戦争の空襲で焼失。戦後、その奥にあった吹上門もしくは和田倉《わだくら》門から移築したといわれる。

壮観なのは、半蔵門から霞が関官庁街の方面に広がる桜田濠である。堀沿いを皇居ランナーがせわしなく通るのを見ると、この絶景をしっかり味わわないのはもったいないと思う。広いところで幅が約百十五メートルある江戸城最大の堀で、雄渾《ゆうこん》な大河のようだ。堀の向こう岸の土塁上には鉢巻石垣が、下部には土留めとして塁を補強する腰巻《こしまき》石垣が見える。水面の面積はこの堀だけで約九万六千平方メートルで、熊本城の内郭の半分近くに相当する。

川をせき止めた千鳥ヶ淵と異なり、桜田濠は自然の谷筋を生かして掘られた巨大な人工構築物である。伊達政宗ら東北の大名が中心になって普請し、削り取った土は低湿地だった地域の土盛りや、江戸湾の埋め立てに使われたという。

半蔵門の土橋のたもとから桜田濠を眺めると、水面が二十メートルは下に見える。事実、ここは標高二十九メートルで、江戸城が台地に築かれていることが一目瞭然である。反対に、桜田濠の前の坂を少し下ってからこの土橋を振り返ると、巨大な防壁のようだ。堀は左にゆるやかなカーブを描きながら、安政七（一八六〇）年に起きた桜田門外の変の現場に近い外桜田門まで続く。はるか下に眺められた水面も、そこではもう間近になっている。

事件の舞台、外桜田門

桜田濠を左手に見ながら南南東に坂を下った西（右）側には、三宅坂の信号の手前から国会前庭にかけて彦根藩井伊家の上屋敷があった。安政七年三月三日午前九時ごろ、ここを出た大老井伊直弼《なおすけ》の六十名ほどの行列は、ボタ雪が降るなかを桜田濠沿いに進んだが、外桜田門まであと六十メートルほどのところで、水戸藩の脱藩者十七名と一名の薩摩藩士に襲撃され、直弼は命を奪われた。

歴史の転換点になった惨劇とセットでその名が広く知られている桜田門は、正式には本丸近くの内桜田門（桔梗《ききょう》門）に対して外桜田門とよばれる。明和九（一七七二）年の大火で焼失後、安永三（一七七四）年までに再建され、国の重要文化財に指定されている。

清水門や田安門よりさらに一回り大きな高麗門をくぐると、枡形の広さに驚かされる。二十七メートル×三十八メートルと現存する江戸城の枡形で最も広く、櫓門上の渡櫓の長さは約三十五メートルもある。この門はいま皇居宮殿が建つ西の丸の守りを固める位置にあり、また江戸初期には小田原口とよばれ、小田原街道の始点だった。西方からの攻撃にさらされやすい地点ということもあって重視されたのである。

また、外桜田門の枡形は田安門などと少し異なる。田安門は高麗門の先はもう堀の内側で、枡形は北の丸の内側に張り出していた。このように曲輪の内側に設けられた枡形を内枡形といい、曲輪の外に飛び出すようにつくられたものは外枡形とよばれる。外桜田門は堀に半島状に飛び出した区画の突端に設けられた外枡形だといえる。

内枡形は四角形の三辺が城内に突き出しているので、攻め入った敵を三方から攻撃できるが、敵を城内に引き入れることにもなる。一方、外枡形は敵を城内に入れずにすむが、三方から敵

外桜田門の高麗門から
渡櫓門を見る

切込接の乱積による外桜田
門枡形の石垣

の攻撃を受けやすい。その点、外桜田門の外枡形は三方を堀に囲まれ、攻撃を受けにくい。また、高麗門の左右には土塀が建ち、内側に雁木という石段が並ぶが、高麗門の正面をふくむ二辺には塀や石垣がなく、堀の水面につながっている。清水門同様、敵を堀に落とし、なおかつ正面の堀を渡った先の的場曲輪から銃で狙い撃てるようにしていたのだ。

外桜田門の枡形は石垣も見どころである。加工法によって石垣が三つに分類されると説明したが、ここでは二種類の積み方にも触れておきたい。

二重橋は奥の正門鉄橋。手前左は西の丸大手門

ひとつは積んだ石の横の目地をそろえる布積《ぬのづみ》、もうひとつは不ぞろいの石を、横目地をそろえずに積む乱積《らんづみ》である。大きさや形が異なる石を組み合わせる後者のほうがバランスをとりにくく、高い技術が要る。外桜田門の石垣は、乱積ですき間なく組み合わされた切込接が見事だ。しかも、伊豆近辺の安山岩に瀬戸内方面から運ばれた白やベージュの花崗岩がバランスよく混ぜられ、美しい。

美しさでいえば、櫓門の入母屋《いりもや》屋根の妻を飾る装飾も見落とせない。江戸城のほかの門や櫓の妻にも共通する規格化された装飾だが、雅楽に使われる伝統的な文様、青海波《せいがいは》が描かれた銅板で包まれている。

外桜田門は防御力が高いのはもちろん、その規模と見事な石積みで、ここを通って登城する大名たちに、将軍家の圧倒的な力を誇示していた。それはこれから訪れる江戸城の主要な門にも共通するねらいだった。

外桜田門を抜けて堀を左手に見ながら直進すると、

皇居前広場が広がる。江戸時代は西の丸下とよばれ、老中や若年寄など幕閣に連なる譜代大名の上屋敷が並んでいた。第四章で見るが、もともとこの一帯には江戸湾が入り込んで日比谷入江を形成しており、それを埋め立てた土地である。堀に沿って左に曲がると二重橋前に着く。

4 江戸城の内郭を一周する——二重橋前〜竹橋

皇居の顔、二重橋前

二重橋前は皇居の顔で、昔から絵葉書などで紹介されてきた東京の顔でもある。新年や天皇誕生日の一般参賀も、ここから皇居正門を通って宮殿前に向かう。

ところで、二重橋は花崗岩で造られた二重アーチの正門石橋《せいもんいしばし》のことだ、あるいは、手前と奥に橋が二重に架かっているから二重橋だ、と思っている人が多い。だが、本来の二重橋は奥に架かる正門鉄橋《せいもんてつばし》をさす。かつての正式な名は下乗橋で、水面まで約二十メートルと高く、橋桁が堀の底に届かなかったので下段にひとつ橋を架け、その上に橋桁を置いた。つまり二重構造だったので二重橋なのである。ただし、二つの橋を総称して二重橋とよぶ人が現実に多いので、環境省などはその呼び方も否定していない。かつての西の丸大手橋である正門石橋は、明治二十（一八八七）年に架け替えられたものだ。正門鉄橋はその翌年に架けられ、昭和三十九（一九六四）年に同じデザインの二代目に替えられた。

正門石橋の向こうに立つ渡櫓門が皇居正門だが、江戸城の正門（大手門）だったわけではない。将軍職を譲った大御所や跡継ぎらが住んだ西の丸の正門、西の丸大手門である。江戸時代には手前に高麗門が平行して置かれ、二つの門を直進して進むようになっていた。石橋に架け替えられた翌年に高麗門が撤去され、櫓門だけが残された。

一般参賀などの機会には西の丸大手門を抜け、外桜田門を見下ろす的場曲輪を通り、U字に迂回《うかい》して二重橋を渡り、建物が失われている書院門経由で西の丸の宮殿前にたどり着く。

二重橋の奥には、現存する伏見櫓と十四間多聞が見える。伏見櫓は寛永年間（一六二四〜四四）に伏見城の櫓を解体して移築したという伝承があるが、記録で確認できるわけではない。だが、明暦の大火も免れた、城内最古の建造物のひとつである。軒反りが大きな入母屋屋根が唐破風《からはふ》（破風とは屋根の妻側の造形で、曲線を連ねたものが唐破風）で飾られ、その下にも入母屋破風がほどこされるなど、古風な美しさをたたえている。

江戸時代に最も近い眺め

桜田濠から続く二重橋濠を左手に見ながら進むと坂下門がある。西の丸から坂を下ったところにあるのがその名の由来で、桜田門外の変から二年後の文久二（一八六二）年、老中の安藤信正《のぶまさ》が尊王攘夷派の水戸浪士らに襲撃された坂下門外の変は、この前で起きた。いまは宮内庁の

二重橋の奥に残る伏見櫓と十四間多聞

向きを90度変えられた坂下門

正門として使われ、土橋の向こうに渡櫓門が正面を向いているが、江戸時代はその位置には高麗門があって枡形が形成され、左折して渡櫓門を通るようになっていた。明治十八（一八八五）年に高麗門を撤去し、同二十年に櫓門の角度を九十度変えたのである。

また、門に向かって左（南）側の二重橋濠と右（北）の蛤《はまぐり》濠とでは、水位が明らかに違う。かつて土橋の途中

三の丸巽櫓の後方に内桜田門、富士見櫓を望む

には清水門のように小さな木橋が架かり、その下に堰が設けられ、左右の堀の水位を調整していた。

堀を左手に見ながらさらに進むと、三の丸の通用門だった内桜田門（桔梗門）が現存し、枡形虎口を形成している。本丸に登城する際、十万石未満の小身の大名や旗本、商人らはこの門を通った。この場所には、江戸城を最初に築いた太田道灌が日比谷入江に面して建てた泊船亭という建築があったため、太田家の家紋の桔梗が門や堀の名称になったと伝えられるが、定かではない。だが、いまでも桔梗門の瓦には桔梗の紋が施されている。

桔梗濠沿いにさらに進むと、三の丸巽《たつみ》櫓（桜田二重櫓）がある。本丸の東南（辰巳）に位置するのでこうよばれる。江戸城にはかつて十九の櫓があって、そのうち先に見た伏見櫓と本丸に建つ三重の富士見櫓、そして巽櫓の三つが現存する。巽櫓も一層目に大きな切妻破風が設けられるなど装飾性が意識されている。やはり将軍家の権威を示したのだろう。破風の下には、石垣をよじ登る敵を攻撃する石落としがあるが、装飾優先で、実戦に配慮したとは思えない。全国に現存する二重櫓のなかでも規模は最大で、高さは約十四メートルと弘前城《ひろさき》（青森県）の天守にも匹敵する。江戸城の櫓に共通する意匠も確認しておきたい。各階の窓の上部と下部には長押《なげし》（横に伸びる桟）が張り出している。また外桜田門の渡櫓で見たように、妻壁に銅板が貼られ、青海波の模様が施されている。これらは渡櫓門や多聞櫓をふくめて共通している。

巽櫓前の堀の淵に建つ交番のあたりから内桜田門方面を振り返ってほしい。巽櫓の左奥に内桜田門が、さらに左奥には三層の富士見櫓が望める。いまに残された、最も江戸時代に近い江戸城の光景のひとつである。

大手門、平川門、本丸高石垣

巽櫓の前から桔梗濠を左に見ながら、北に二百メートルほど進むと大手門がある。大手とは城の表口。大手門は諸大名の登城口となった江戸城の正門で、十万石以上の譜代大名二人が警護を担当していた。

江戸城の多くの建造物と同様、明暦の大火で焼失し、二年後の万治二（一六五九）年に再建された。高麗門はそのときのものが現存する。だが、渡櫓門と土塀は太平洋戦争の空襲で焼失し、昭和四十二（一九六七）年に復元された。また、江戸時代は高麗門の前に木橋が架かっていたが、大正時代に土橋に替えられた。かつての日比谷入江は、大手門の南側近くまで入り込み、近くに平川の河口があったという。

大手門の奥は三の丸で、二の丸をへて本丸にいたる。そこは将軍の城の中枢で、二十一万平方メートルにおよぶ皇居付属庭園「東御苑」として整備され、昭和四十三（一九六八）年から一般公開されている。だが、入園するのは第五章に回し、いまは大手濠沿いに北に歩を進めよう。

五百メートルほど歩くと木橋が見えてくる。平川門である。大手門同様、東御苑の出入り口になっているこの門は三の丸の正門で、大奥の女中や商人のほか、北の丸や一ッ橋門の近くに上屋敷がある御三卿も出入りした。高麗門と櫓門が現存し、オリジナルと同様の木橋が架けられ（橋脚は石づくり）、江戸時代の姿を色濃くとどめる。

江戸城は平川門がある方角、つまり北東が防御上の弱点とされていたので、平川門も凝ったつくりになっている。まず、高麗門が木橋を渡った正面を向いていない。橋を渡るといきなり右折を強いられ、敵は城内にまっすぐ突入できない。また木橋の右手、清水濠の対岸の石垣上は、およそ百六十メートル先の竹橋門まで延びる幅十数メートルの細長い区画（帯曲輪）で、それを越えると広大な平川濠が本丸を守っている。堀を二重にしつらえて防御を固めていたのである。

そのまま清水濠を左に見ながら西へ歩くと、大正十五（一九二六）年に架けられた竹橋があり、千鳥ケ淵の交差点まで代官町通りが通されている。竹橋を渡った左側に、竹橋門の高麗門の石垣がわずかに残る。そこから平川門方面を望むと、帯曲輪が堀を二つに分けながら、竹橋

江戸城の正門、大手門

三の丸の正門、平川門

屏風状に連なる本丸の高石垣

本丸の裏口を固める北桔橋門

門と平川門を結んでいるのがよくわかる。有事の際は双方の門の番兵がここを行き来できるようになっていた。

竹橋を渡らず、清水濠を左に見ながら進むと清水門があり、江戸城内郭の外周をひと回りしたことになる。いかに広大な城であるか実感できたことだろう。

だが、その前に竹橋を渡り、平川濠を左に見ながら代官町通りを進んでほしい。堀の向こうに屏風状に連なる本丸の高石垣が見え、江戸城のスケールをあらためて実感できる。北の丸から本丸に続く台地を深く削って造成した、堀から二十メートル前後もそびえ立つ石垣は、城内で最も高く壮観である。重機がなかった時代の土木工事は想像を絶する。江戸は近在から石材を調達できなかったことも思い返してほしい。

左手に大きな土橋と高麗門が見えてくる。本丸の裏口を固める北桔橋門《きたはねばし》だ。これも東御苑の出入り口で、いまはコンクリートの橋が架かるが、門を入るとすぐに将軍の居所である本丸だったので、往時は防御のために、ふだんから橋が跳ね上げられていた。

代官町通りをさらに西に進むと、皇居北側の通用門、乾門《いぬい》がある。江戸時代にはなかった出入り口だが、門自体は坂下門の内側にあった西の丸の裏門、紅葉山下門を明治二十一（一八八八）年に移築し、改造したものである。

第二章　意外に見つかる武士の町の名残

1　大名屋敷の周囲に残る石垣

江戸の半分を占めた大名屋敷とは

江戸時代、武士が人口に占める割合は、日本全体では七パーセント程度にすぎなかったといわれる。ところが、江戸にかぎってはまったく違った。十八世紀のはじめに人口が百万を超え、ロンドンの八十万超、パリの五十万超を上回る世界最大の都市になった江戸では、人口の半数以上が武士だったのである。寛永十二（一六三五）年に改定された武家諸法度の取り決めで、大名には領国と江戸の間を一年交代（関東の大名は半年交代）で行き来する参勤が課されたうえ、正室と嫡子を人質として江戸に住まわせることが義務づけられた。また、幕臣の旗本と御家人も江戸に集住していた。

このため土地の七割近くが武家地で占められ、その内訳は安政年間（一八五四～六〇）で大名屋敷が七百四十八万坪、旗本と御家人の屋敷が五百六十八万坪。約二百六十家の大名の屋敷が、いかに江戸の町を占拠していたかわかる。したがって、いま東京でなんらかの活動をすれば、大名屋敷の跡地を避けて通ることはほぼできないと思っていい。

武家地は大名や旗本が幕府から拝領するものだが、土地の造成と上物の建築は各大名や旗本が自己負担で行った。当初は、各大名が幕府から拝領する屋敷は、一ヵ所のことが多かった。

だが、明暦三（一六五七）年の大火で、大名屋敷百六十、旗本屋敷七百、寺社三百五十、町人地六百二十町が焼失すると、防火対策として、各地に火除地や道幅が広い広小路が設けられるようになった。その過程で、大名屋敷の郊外への移転が進められ、大名が複数の屋敷をもつことも認められていった。諸大名は、政務の場で家族や家臣の住まいでもある上屋敷のほか、隠居や世継ぎが住む中屋敷、災害時の避難所で別荘のようにも使われ、物資の倉庫としても用いられた下屋敷を所有するようになり、これら拝領屋敷のほかにも、独自に土地を購入して抱《かかえ》屋敷を設けることがあった。小藩は上屋敷と下屋敷の二カ所ということも多かったが、大藩は複数の下屋敷をもつことが珍しくなく、なかには十を超える屋敷を構える大名も出てきた。

こうして江戸には、およそ六百の大名屋敷が存在するようになり、江戸時代中期以降は大名屋敷の総面積が江戸の面積の半分を上回ったという。大名屋敷内は各藩によって管理され、町奉行所などの司法権や警察権がおよばない治外法権のエリアだったが、それが江戸の過半を占めていたのである。その面積は狭くても数千坪で、郊外の下屋敷には、彦根藩井伊家下屋敷（現在の明治神宮）の十八万二千坪、加賀藩前田家下屋敷（現在の板橋区立加賀公園一帯）の二十一万八千坪という、破格の広さを誇るところもあった。

幕府にとって大名屋敷は、江戸を防衛する拠点でもあった。このため江戸城西の丸下、つまりいまの皇居前広場には、老中や若年寄などの幕閣の屋敷が置かれ、役職の移動とともに頻繁に配置換えが行われた。また各街道に通じる要所は、大手口は酒井家、外桜田門がある小田原口は井伊家、甲州口は内藤家、中山道口は榊原家というように、武功派として知られる譜代の重鎮の屋敷で固め、幕末まで配置を換えなかったのである。

東京の過密化を食い止めた大名屋敷

ところで、江戸が明治新政府のもとで東京と改称されて首都になったのは、必ずしも自然のなりゆきではなかった。新政府は天皇の親政を建前としていたが、その天皇は京都にいたからである。政権の拠点を移すこと自体は早くから模索されたようだが、たとえば、薩摩出身の大久保利通は大坂遷都を提案し、佐賀出身の江藤新平や大木喬任《たかとう》は、天皇が京都と江戸を行き来する両都論を唱えた。

江戸への遷都が決まる決定打になったのは、幕臣出身の前島密《ひそか》の「諸侯の藩邸、有司の第宅、一工を興さず、皆是れ已ニ具足せり」(『鴻爪痕』)という訴えだったという。空き家の状態で残される大名や幕臣の屋敷がたくさんあるので、諸官庁や軍の施設、公家や新政府高官の屋敷などを新設しなくてすむというわけだ。事実、明治政府は、特に明治六(一八七三)年にはじまる地租改正で、すべての土地について所有関係が確定するまでは、大名屋敷などをかなり自由に没収できた。霞が関の官庁街が誕生したのも、大名屋敷群をそのまま使えたからである。

過密都市となった東京で、いまも一定の広さが保たれている区画は、皇室の御用地や大使館、官公庁、大学、公園から丸の内のオフィス街まで、大名屋敷の跡地であることが圧倒的に多い。

公家や皇族、新政府高官らの屋敷、あるいは軍事施設などにあてがわれた土地は、その後、細分化されてしまったところもあるが、広大な公園や文化施設として、いまも都市に潤いをあたえているケースも少なくないのだ。

江戸時代の地割の名残は、たとえば、日比谷の帝国ホテル周辺から、外堀の跡であるJRや首都高速道路の架橋をくぐって、銀座のコリドー街方面に抜けるだけでも確認できる。銀座に入ったとたん、林立するビルの多くは間口が狭いことに気づくはずだ。いまも区画ごとの面積が広い外堀の内側には、かつて大名屋敷がならんでいた。一方、銀座から京橋、日本橋にかけては、間口が京間五間（約九・八メートル）から十間（十九・七メートル）ほどの町屋が建ちならぶ町人地だった。そしていまも、町屋時代の敷地を基準にビルが建てられているケースが多いのである。

意外に見つかる石垣

大名屋敷の敷地内には、政庁であり藩主や家族の居住空間でもあった御殿を中心に、数多くの建物が配置されていた。だが、そのほとんどは、江戸を占拠していたとは信じがたいほどに失われてしまった。しかし、痕跡なら意外と残っている。たとえばそれは、大名屋敷の周囲にめぐらされ、塀や勤番長屋とよばれた藩士たちの住居の土台になっていた石垣で、見すごされがちな場所に見つかる。

外務省の外周を囲む福岡藩黒田家上屋敷の石垣

福岡藩黒田家の上屋敷は、通りをはさんで向かい合っていた広島藩浅野家上屋敷（現在の国土交通省など）とともに江戸の名所のひとつで、歌川広重の浮世絵にも登場する。明治維新後は外務省の敷地になり、御殿が外務省の初代庁舎になったが、明治十（一八七七）年に焼失してしまった。この御殿の棟を飾っていた巨大な鬼瓦が、東京国立博物館の敷地内に移設されて残っている（池田家上屋敷表門の内側）。また、いまでも外務省の外周は、この上屋敷の石垣が取り囲んでいる。

赤阪見附に残る江戸城の枡形の石垣とは国道二四六号をはさんで向かい側、衆議院議長公邸の外周には、正門付近を中心に松江藩松平家上屋敷の石垣が残る。赤坂見附から近い千代田区紀尾井町は、紀州藩徳川家上屋敷、尾張藩徳川家中屋敷、彦根藩井伊家中屋敷があったことから、それぞれの頭文字をとって明治時代につけられた地名だ。現在、紀州藩上屋敷を囲んでいた石垣の一部が文藝春秋の入り口の脇に残り、清水谷公園内の池と斜面に回遊式庭園の名残が見られる。尾張藩徳川家中屋敷の石垣も、上智大学の外周の外堀側に一部残っている。彦根藩井伊家の中屋敷跡はホテルニューオータニの敷地になり、外堀側には天明年間（一七八一～八九）に植えられたと考えられるカヤとイヌマキが、いまも枝葉を繁らせている。

六本木から外苑東通りを青山一丁目に向かい、国立新美術館方面に左折したら、左側の一段低い道を歩いてほしい。右側に積まれているのは、佐賀藩の支藩であった肥前蓮池藩鍋島家上屋敷の石垣である。

衆議院議長公邸の外周に残る松江藩松平家上屋敷の石垣

文藝春秋の入り口には紀州藩徳川家上屋敷の石垣が

イタリア大使館に残る伊予松山藩松平家中屋敷内の池泉

天皇、皇后両陛下が現在お住まいの赤坂御所がある赤坂御用地は、紀州藩徳川家が拝領した広大な中屋敷の敷地とほぼ重なる。麹町の上屋敷が手狭であったため、実質的にはこの中屋敷が上屋敷として機能していたという。現在、御用地の周囲は石垣で囲まれているが、特に外堀に近い北側は広範囲にわたって、中屋敷の石垣がそのまま使われ、屋敷の周囲をめぐっていた水路もかなり残っている。内部は非公開だが、地図上には中屋敷とほぼ同形の池がいまも同じ場所にあるので、庭園も当時の姿をある程度とどめているものと思われる。

また、三田（かつての綱町）のイタリア大使館の敷地は、伊予松山藩松平家の中屋敷の一部で、外周には石垣が残る。内部は非公開だが、池泉回遊式の庭園が往時の面影をよく伝えている。日本人が維持できないものをイタリア人が守ってくれているのは、ありがたくも恥ずかしくもある。それはともかく、綱町一帯は全体に江戸時代の区画と雰囲気をよく残している。

新宿区矢来町《やらいちょう》の新潮社の周辺は若狭小浜藩酒井家の下屋敷だった。その周囲を囲んだ石垣が、牛込北町の交差点から牛込中央通りを神楽坂駅方面にのぼった左側の、旧興銀社宅（現矢来町ハイツ）の南側に残る。また、赤穂浪士の墓があることで知られる高輪の泉岳寺の北方は、熊本藩細川家中屋敷の跡地で、現在、上皇ご夫妻がお住まいの仙洞《せんとう》仮御所（旧高輪皇族邸）に隣接する都営高輪一丁目アパートの周囲に、石垣の一部が見られる。広尾にある聖心女子大学の南門付近にも、佐倉藩堀田家下屋敷の石垣が一部、組み直されてはいるようだが残る。

外桜田門近くの彦根藩井伊家上屋敷の跡地には、井戸枠が残されている。桜田門外で斃《たお》れた井伊直弼を送り出した表門外の西側には、名水として知られた桜の井があった。最初にこの地を拝領した加藤清正が掘ったと伝えられ、昭和三十（一九五五）年には東京都が旧跡に指定したが、昭和四十三（一九六八）年、首都高速道路を通すために撤去されてしまった。十メートルほど離れた憲政記念館の敷地内に移設され、水源は失われたものの、石で組まれた立派な井戸枠は一見の価値がある。

東京大学として残る加賀藩上屋敷

本郷の東京大学の敷地は、百十九万石という徳川家に次ぐ石高を誇った加賀藩前田家の上屋敷の跡地とほぼ重なる。当初はいまの大手町に上屋敷が置かれていたが、明暦の大火後に筋違橋門の外に移り、天和三（一六八三）年に、それまでの下屋敷が上屋敷になった。約十万四千坪と東京ドーム七つ分もあった藩邸跡には、上屋敷の名残が比較的よく残されている。その筆頭は赤門である。

正式には御守殿《ごしゅでん》門というこの門は文政十（一八二七）年、十一代将軍家斉の二十一女、溶姫《やすひめ》が輿入《こしい》れする際に建てられた。朝廷から下賜された官位が三位以上の大名が将軍家から妻を迎える際、朱塗りの門を建てるというならわしに従ったものだ。切妻屋根で、柱が棟の真下ではなく中心からずれて立ち、控え柱とともに屋根を支える薬医《やくい》門の形式で、左右に唐破風の番所が付属する。その左右には、壁面に平瓦を並べ、目地に漆喰《しっくい》をかまぼこ型に盛りつけて塗った

加賀藩前田家上屋敷の御守殿門だった東京大学赤門

海鼠壁《なまこ》の袖壁が控える。また、両家の縁を表すように、屋根の棟の部分には徳川家の三つ葉葵紋の軒丸瓦が、軒には前田家の梅鉢紋の軒丸瓦が葺《ふ》かれている。

医科大を建てるために明治三十六（一九〇三）年、外側に十五メートルほど移されたものの、その後は関東大震災でも倒壊せず、空襲の際も必死の防火活動のおかげで被災をまぬかれた。昭和六（一九三一）年に旧国宝に指定されたが、その半世紀あまり前には東京じゅうの大名屋敷が封建時代の遺物として壊されたことを思うと、価値観が変わったものである。昭和二十五（一九五〇）年に国の重要文化財に指定され、いまにいたっている。

東大にはほかにも、加賀藩上屋敷から伝わる遺構がある。いわゆる三四郎池は、五代藩主前田綱紀《つなのり》のときに完成した池泉回遊式庭園、育徳園内の心字池で、かつては数ある江戸の大名庭園のうちでも、とびきりの名園とうたわれた。夏目漱石の小説にちなんで俗に三四郎池とよばれている。また、キャンパスの外周には正門脇をはじめあちらこちらに、切込接で積まれた石垣がよく残り、当時の排水溝なども随所に確認できる。

加賀藩邸跡を訪れたら一緒に観たいのが、幕府の主導で元和二(一六一六)年に藩邸と一緒に移転して以来、この地にある講安寺《こうあんじ》だ。藩邸東端の無縁坂に沿った旧岩崎邸(越後高田藩榊原家中屋敷跡)との境界に位置している。ここの本堂は漆喰を何度も塗り重ねた土蔵建築で、欄間《らんま》

三四郎池は前田家上屋敷育徳園の心字池

東大キャンパス外周に残る前田家上屋敷の石垣には排水溝も

前田家上屋敷に隣接する講安寺の土蔵造の本堂と客殿

彫刻の裏に寛政元（一七八九）年の墨書銘があることから、そのころの建築と考えられている。

発掘調査を重ねた考古学者の藤本強《つよし》氏によれば、加賀藩邸の地下からは物を収蔵するための数々の土坑が発掘されたが、時代を下るにつれその数は減り、文化年間（一八〇四～一八）の絵図を見ると、かわりに土蔵が増えているという。講安寺の本堂も重ねて火災に遭うなかで、藩邸内と歩調を合わせるように防火建築の土蔵造を採用したのだろう。客殿や庫裏も幕末期の建築が残り、本堂とあわせて文京区の指定有形文化財になっている。

2 いまに残る大名屋敷の建造物

現存する大名屋敷の表門

大名屋敷内の建物はその大半が失われてしまったが、解体や運搬が容易な門は、移築先に現存するものが少なくない。東大の赤門に対して黒門とよばれているのが、上野の東京国立博物館の正門に向かって左側に建つ鳥取藩池田家上屋敷の表門である。上屋敷は有力大名の屋敷街だった丸の内大名小路の、いま帝国劇場があるあたりにあった。明治二十五（一八九二）年に芝高輪台の東宮御所の正門に移され、そこが高松宮邸になったのち、修復されて昭和二十九（一九五四）年、国立博物館の屋外展示としていまの場所に移築された。江戸末期の建築と推定されている。入母屋造の重厚な屋根をいただく長屋門で、唐破風の番所が左右に独立して接続し、大藩の屋敷の正門として最高の格式を誇る。

東京メトロ赤坂見附駅から西に徒歩で数分のところに建つ山脇学園志の門は、やはり丸の内大名小路の、東京中央郵便局のあたりにあった岡崎藩本多家上屋敷の表門として建てられた、文久二（一八六二）年に焼失後、ただちに再建された幕末の建築で、しばらく千葉県九十九里町に移されていたが、平成二十八（二〇一六）年、山脇学園の校舎建て替えに合わせていまの場所に移築された。かなり長かった長屋門の中心部分だけが残され、やはり左右に番所が備わる。東大の赤門と池田家上屋敷表門、そしてこの本多家上屋敷表門の三つは、国の重要文化財に指定されている。

東急線の三軒茶屋駅から徒歩圏内にある西澄寺《さいちょうじ》山門は、現在の芝五丁目にあった徳島藩蜂須賀家中屋敷の表門を、大正時代に移築したものだと伝わる。江戸末期の建築と考えられる切妻屋根の堂々たる長屋門で、左右には切妻造の番所が付属し、それぞれ表側に格子窓、門内に式台が備えられている。釘隠しなどの装飾も立派で、二十五万石の大大名の家格を感じさせる。東京都指定有形文化財である。

同じく東京都の指定有形文化財なのが、大田区下丸子にある蓮光院《れんこういん》山門だ。入母屋屋根の、片側にだけ出格子窓のある番所が付属する長屋門で、格式から判断すると五万石以下の小大名の屋敷の表門である。品川区東五反田の池田山にあった岡山藩池田家下屋敷の門だと伝わるが、

上野に残る鳥取藩池田家上屋敷の表門

山脇学園志の門は岡崎藩本多家上屋敷の表門

実際には支藩の門だったのだろうか。

各地に移築された種々の門

都営大江戸線牛込柳町駅から徒歩ですぐの幸国寺《こうこくじ》の山門は、江戸後期の建築と推定されている。檀家から寄進されたもので、その檀家には大名屋敷から移築したと伝わっており、徳川御三卿、田安家の屋敷の門だという。主柱にのみ切妻屋根をかけた腕木門とよばれる形式で、右側に番所が併設されている。新宿区が有形文化財に指定している。

東大の赤門から徒歩圏内、

同大農学部キャンパスの隣にある西教寺《さいきょうじ》表門は、もうひとつの赤門である。姫路藩酒井家上屋敷から移築された腕木門で、朱塗りなのは東大の赤門と同様、将軍家斉の二十五女、喜代姫《きよひめ》を迎えるために建てられたからだという。明治七（一八七四）年にここに移され、その際は瓦葺だったが、関東大震災で被災後、軽量化のために銅板葺に改められた。文京区の有形文化財に指定されている。

豊島区駒込に、かつて染井という地名があった。ソメイヨシノの発祥地で、そこで植木屋を営んでいた旧丹羽家の腕木門は、染井通りをはさんで向かい側にあった津藩藤堂家下屋敷の裏門を移築したものだと伝わる。修理の際に発見された墨書から、建てられたのは弘化四（一八四七）年以前と推定されている。豊島区の指定有形文化財になっている。

杉並区方南の東運寺《とううんじ》表門は、愛宕下《あたご》にあった一関藩田村家上屋敷の中仕切門を移築した腕木門だ。田村家上屋敷といえば、吉良上野介に斬りかかった浅野内匠頭が切腹した地として知られ、寺伝によれば、内匠頭もこの門を通ったという。赤穂事件つながりでいえば、高輪の泉岳寺の赤穂浪士墓地門は、いまの霞が関にあった広島藩浅野家上屋敷の中仕切門を移築した腕木門で、品川区が有形文化財に登録している。

上野にある将軍家の菩提寺、寛永寺の支院のひとつ林光院《りんこういん》の表門は、徳島藩蜂須賀家の屋敷から移築したと伝えられる優美な唐門だ。また、旧板橋宿にある観明寺《かんみょうじ》表門は、近くにあった加賀藩前田家下屋敷の通用門だった。観明寺の境内には、同じ下屋敷内にあった祀堂も稲荷社として移されており、大名屋敷に祀られた神社（邸内社）の建築がいまに残る例として貴重である。

しかし、残念ながら、こうした門の内側に存在した、御殿をはじめとする建造物はほとんどが失われてしまった。二十三区内では唯一、世田谷区の豪徳寺の総玄関に続く書院が、佐倉藩

津藩藤堂家下屋敷裏門だった染井の旧丹羽家腕木門

泉岳寺の赤穂浪士墓地門は広島藩浅野家上屋敷の中仕切門

佐倉藩堀田家の屋敷の書院だったと伝わる豪徳寺書院

多摩川テラスにある伊木家下屋敷表門

る。関東大震災後に譲り受けたといい、建物全体はよく見えないが、唐破風の堂々たる玄関からも大名屋敷の風格が伝わる。ちなみに、豪徳寺は彦根藩井伊家の菩提寺で、彦根藩の屋敷から明治十八（一八八五）年に移築した高麗門、通称「赤門」も残っている。

堀田家の屋敷の書院を移築したものだと伝えられてい

種々の門、番外

続いては江戸の門でも大名屋敷の門でもないが、大身の武家屋敷門として貴重なものだ。岡山藩池田家の筆頭家老を代々務めた伊木家が、岡山城下に構えていた下屋敷の表門が世田谷区岡本にある。旭川の中州にあった屋敷地が昭和十二（一九三七）年、河川改修のために水没した際、日産コンツェルンの創始者、鮎川《あゆかわ》義介《よしすけ》が譲り受けて自邸に移築。鮎川が世田谷に転居すると一緒に移され、その地に多摩川テラスができる際、若干移動して現在にいたっている。向かって右が番所、左が納戸部屋となった長屋門で、十八世紀末ごろの建築と推定されている。

練馬区の光が丘団地の東側に、付近一帯の組頭を務めた豪農、相原家の屋敷がある。その正門はベンガラが塗られた茅葺の薬医門で「南部《なんぶ》の赤門」とよばれている。万延元（一八六〇）年の再建で、修理の際に屋根から見つかった棟札には、盛岡藩南部家御用人と御目付の名が記され、享和四（一八〇四）年の古文書にも、南部家の抱地（抱屋敷同様、幕府から拝領したのでなく藩が独自に購入した土地）が近くにあったと書かれている。南部家の屋敷の門だったという伝承があるが、そうでなかったとしても、大名と縁がある門が移築されずに建っているのは貴重である。練馬区の指定文化財になっている。

ところで、すでに書いたように、大名屋敷は江戸の周縁部、つまり幕府が御府内と認識していた江戸の範囲の外に設けられることも多かった。しかし、時代を追うごとに、大名屋敷が先導するように都市域は拡大していった。こうして都市化が進んだ地域のひとつが駒込村で、そこには農業と植木屋を兼業していた名主、高木嘉平次の屋敷が駒込名主屋敷としていまも残っている。ちなみに、高木家は大坂夏の陣における豊臣方の残党で、東に亡命後、伝通院《でんづういん》領だった駒込の開拓を許され、そのまま土着したと伝えられる。

門は宝永年間（一七〇四～一一）、主屋は享保二（一七一七）年の建築とされ、いまも子孫が住んでいるため建物の内部こそ見られないが、敷地内の見学は許されている。原則は武家の屋敷にしか許されなかった式台つきの玄関がある。東京都史跡に指定されている。

3　大名庭園を訪ねる――潮入の庭

鴨場が残る浜御殿

江戸に約六百を数えたといわれる大名屋敷の、おそらくすべてに庭園があった。丸の内の大名小路（現在の丸の内オフィス街）や江戸城西の丸下（現在の皇居前広場）など江戸城内郭に隣接する大名屋敷街では敷地がかぎられ、広大な庭園を設けるのは難しかったが、中屋敷や、別荘のように使われた下屋敷は、敷地のかなりの部分を庭園が占めることが多かった。

その大半は池泉回遊式庭園だった。広大な池があって方々に橋が架かり、園内を歩きまわって景観を楽しむ庭園である。大名たちはそこでほかの大名と交流し、将軍の御成り（訪問）を受けることもあり、ときに藩主が藩士たちを招いて日ごろの労をねぎらった。つまり庭園は、接待や社交に欠かせない装置だったのだ。だから階段を上がり、飛び石を超えながら、庭の広がりと風景の変化を楽しめるように意匠が凝らされていた。茶室や茶屋も欠かせない。

そんななかには、海を埋め立てて土地を増やした江戸ならではの庭も多かった。「潮入《しおいり》の庭」である。屋敷が海に面している場合、池に海水を引き込み、潮の干満で変化する景観を楽しめるようにするとともに、常に水を回して浄化させたのだ。残念ながらその多くは失われ、残っていても周囲が埋め立てられ、いまでは海水の出入りが失われているが、浜御殿（浜離宮恩賜

枡形を構成していた浜御殿の大手門石垣

家宣の時代に植えられたという三百年の松

庭園）は唯一、潮入の庭をいまも維持している。

四代将軍家綱の弟で「甲府宰相」とよばれた綱重が承応三（一六五四）年、この土地を拝領したのがはじまりで、最初は甲府藩徳川家下屋敷だった。その後、綱重の子の綱豊《つなとよ》が五代将軍綱吉の養嗣子となり、家宣として六代将軍に就任すると、屋敷は将軍家の別邸「浜御殿」となった。だから、厳密には大名庭園ではないが、その成り立ちから大名庭園とよんで差し支えないだろう。十一代将軍家斉のころに、ほぼ現在の姿になったという。

ただ、この屋敷にはもうひとつの意味があった。江戸城の外堀が江戸湾に注ぐ位置にあり、

荷揚げ用の石段が残る内堀

新銭座鴨場に残る「小覗」

城の南方を守る出城の役割を負っていたと考えられる。だから入り口は江戸城と同じく、石垣で固められた枡形虎口で守られている。その名も大手門で、関東大震災後に延焼するまで高麗門と渡櫓門がともに残っていた。門を入ると、太い枝が低く張り出した松が見える。宝永六（一七〇九）年に将軍家宣が庭園を改修した際に植えられたと伝わる「三百年の松」である。

その先には内堀がある。長崎や上方から船で運ばれてきた物資を江戸城に届けるための港湾施設で、いまも水門をへて築地川から水が引かれている。堀には荷揚げ用の石段も残る。堀とよぶからには軍事的な意味合いもあったはずだ。堀の石垣にカキなどが付着し、小さな海水魚が群れをなして泳いでいるのもおもしろい。

実は敷地内には潮入の池のほか、淡水の池も二つある。安永七（一七七八）年築造の庚申堂《こうしんどう》鴨場《かもば》と、寛政三（一七九一）年につくられた新銭座《しんせんざ》鴨場だ。鴨場とは鴨などの水鳥をおびき寄せて狩りをする場所である。池（元溜《もとだまり》）には鳥が休むための島が設けられ、引き込み水路（引堀《ひきぼり》）が幾筋も引かれている。元溜は人の気配が感じられないように高さ三メートルほどの土手で囲まれ、獲物を引堀に導くように訓練されたアヒルが放たれていた。そして元溜を見渡せる監視所（大覗《おおのぞき》）から水鳥の集まり具合を確認し、引堀の奥の小覗《このぞき》から餌をまいておとりのアヒルをおびき寄せ、それに水鳥がついてきたら土手の陰から鷹を放った。飛べないアヒルは助かるというわけである。二つの鴨場には大覗のほか、いくつもの小覗が残っている。また、元溜にはいまもたくさんの鴨が集まっている。

ところで浜御殿の広さは約七万五千坪におよび、江戸時代の敷地がすべて保存された唯一の大名庭園である。広大な敷地には木々が鬱蒼と生い茂り、そのなかにいると新橋や浜松町の間近であるとは信じがたい。そして潮入の庭に出ると、一気に視界が開ける。

スポーツを楽しめる庭園

浜御殿の広大な潮入の池の周囲には、この庭を好んだ将軍家斉が設けた複数の茶屋が建っていた。それらは太平洋戦争の空襲ですべて失われたが、いくつかが復元されている。池の中島には、もともと家斉時代の寛政五（一七九三）年に架けられ、途中で屈曲しているお伝い橋から渡ることができる。そこに昭和五十八（一九八三）年に再建されたのが中島の御茶屋だ。皇族や公家などの接待のほか、将軍の夕涼みや月見などに使われたという。

お伝い橋のたもとには三つの茶屋が並んでいる。中島の御茶屋から眺めて一番右が平成二十二（二〇一〇）年に復元された松の御茶屋で、一番左が同二十七（二〇一五）年に完成した燕の御茶屋だ。中島の御茶屋は屋根が本来の柿葺《こけら》から銅板葺に変えられ、内部は必ずしも忠実に復元されてはいない。一方、平成の再建は史料や発掘調査にもとづき、伝統工法が用いられ、柿葺の屋根はもちろん、内部まで忠実に復元されている。ともに数寄屋風の書院造で池の眺望がすばらしく、将軍はそこで賓客と食事をしたり、和歌を詠んだりした。燕の御茶屋は燕のかたちをした釘隠が用いられたので、その名があるといわれる。

燕の御茶屋のすぐ右に建つ鷹の御茶屋は、寛政七（一七九五）年ごろに建てられ、平成三十（二〇一八）年に復元された。ほかの茶屋と異なる農家風の建物で、屋根は茅葺、内部は囲炉《いろ》裏《り》のある土間たたきである。将軍の鷹狩りの際、待合や休憩所に使われ、裏には鷹を休ませる鷹部屋もある。また、これら平成に復元された三棟の茶屋はいずれも、内部に将軍のための上段が設けられている。

浜御殿の潮入の池、奥はお伝い橋と中島の御茶屋

燕の御茶屋（左）と鷹の御茶屋

家斉の浜御殿への御成りは九十回を数えたという。この将軍は狩猟が大好きで、年に何回もここで鷹と弓を使って狩りをした。その間、同伴した妻子や奥女中らは潮入の庭で釣りを楽しみ、入れ食いだったと記録に残る。庭園学者の白幡洋三郎《しらはたようざぶろう》氏は、新しい感覚の「スポーツを楽しめる庭園」と評している。また、十二代将軍家慶が天保十三（一八四二）年、知恩院宮二《に》品尊《ほんそん》超法親王《ちょうほつしんのう》をここに招いた宴は、およそ十五時間にもおよんでいる。それだけアトラクションが豊富なテーマパークだっ

いまも池泉に海水を引き込んでいる横堀水門

歴代将軍が船をつけたお上がり場

たということだろう。

潮入の庭ではフジツボがついた石組をフナムシが徘徊し、ボラが飛び跳ねるなど、海とのつながりを実感できる。江戸湾の海水を池に引き込む横堀水門も残り、現在もそのまま使われている。また、横堀水門の少し東（海に向かって左）には、歴代将軍が船での御成りの際に使った「お上がり場」が残る。最後の将軍慶喜が鳥羽伏見の戦いに敗れ、大坂から船で戻って上陸したのもここだった。

のびやかな芝離宮

浜御殿の南南西四百メートルほどに位置する紀州藩徳川家芝海手下屋敷庭園（旧芝離宮恩賜庭園）も、かつては三方を海に囲まれた潮入の庭だった。いまも北東部にかつての水門が残るが、残念ながら周囲が埋め立てられ、海水は引かれていない。だが、一部が東海道新幹線によって削られながらも、広大な大名庭園がよく保存されている。

庭園の歴史ははは延宝六（一六七八）年、老中だった大久保忠朝《ただとも》が肥前唐津藩から下総佐倉藩に国替えになった際、ここを上屋敷として拝領したことにはじまる。忠朝はその後、藩祖の領地だった小田原に転封になると、小田原から庭師を招いて庭をつくった。その後は佐倉藩堀田家上屋敷、御三卿の清水家下屋敷をへて、弘化三（一八四六）年に紀州藩下屋敷になった。

楽寿園とよばれたこの庭は池泉の護岸の石組と園路が調和のとれた曲線を描き、広々と敷かれた芝生と相まって伸びやかである。回遊を前提とした大名庭園らしい。入り口から池の周囲を時計回りに歩くと、海に面していた東側に九尺台が見えてくる。これは芝生が敷かれた築山で、海を眺める展望台だった。池には向かって右から浮島、中国で仙人が住むという蓬萊《ほうらい》山になぞらえた中島、大島と三つの島が並ぶ。また、岸には「唐津山」と「根府川山」がある。唐津山は大久保忠朝が以前領した思い出の地のオマージュで、根府川は小田原の西方にある石材の産出地。小田原方面から運ばれた根府川石は、江戸城の石垣でおなじみの安山岩で、これが多数組まれている。

池の東端を回り込んで大島の向かいに出ると、四本の不思議な石柱が立っている。戦国時代に小田原の後北条氏の重臣だった松田憲秀《のりひで》邸の門柱だったもので、茶室の柱にしようと運ばれてきたそうだ。その近くには、渓谷に流れ落ちる滝を石組だけで再現した枯滝がある。その南側に小高くそびえるのは園内でいちばん高い築山、大山で、頂上からは房総半島、筑波山、富士山まで眺められたという。

石づくりの堤である「西湖堤」の上を歩いて中島（蓬萊山）に渡ることができる。中島は仙人がいそうな深山幽谷を石組で表現している。西湖堤は中国の杭州（現在の浙江省《せっこう》）にある西湖の堰堤を模したもので、それを設けるのは、当時の大名庭園の流行だった。また、潮入の庭だったころは干潮時、中島ととなりの浮島の間に沢飛石が現れ、その上を渡れるようになった。いま沢飛石は常時水没している。

西湖堤の先の岸には砂浜、つづいて玉石を敷き詰めた州浜《すはま》がある。浜はかつて、潮の干満によって大きく表情を変えたという。大名庭園が名勝のミニチュアをしつらえ、種々のしかけを凝らした、事実上のテーマパークだったことがよくわかる。

そのほかの潮入の庭

江戸時代には風光明媚な土地だった隅田川の下流沿いにも、いくつもの大名屋敷が置かれ、そこには隅田川から水を引き入れた潮入の庭がつくられることが多かった。両国国技館の北側の旧安田庭園もそのひとつで、もとは常陸笠間藩本庄家の下屋敷だった。五代将軍綱吉の生母、桂昌院《けいしょういん》の異父弟で、綱吉が大名に取り立てた本庄宗資《むねすけ》が、元禄年間（一六八八～一七〇四）にこの地を拝領したことにはじまる。明治維新後は、旧岡山藩主の池田章政《あきまさ》侯爵邸となり、つづいて安田財閥の創始者の安田善次郎《ぜんじろう》が所有した。東京市に寄付された直後、関東大震災で大き

かつては海水を引き入れていた旧芝離宮の池泉

旧芝離宮の西湖提と中島（蓬萊山）

な被害を受けたが、復元された。「心」をかたどった心字池を中心に、その周囲を回遊する大名庭園の雰囲気をとどめている。池には戦後まで隅田川の水が引き入れられ、潮位によって浮いては沈む岩や護岸の景観を楽しめたが、昭和四十（一九六五）年ごろに水門が閉じられ、導水溝も埋められてしまった。高度経済成長期に隅田川の水質が悪化したことと、堤防補強工事が原因だった。だが、かつて水位を調整した水門はいまも残る。現在も地下に設置した大きな水槽からポンプで水をくみ上げ、人工的に潮の干満を実現している。

深川地区にある清澄《きよすみ》庭園も、潮入の庭だった時期があった。ここは豪商として知られる紀《き》伊《の》国屋《くにや》文左衛門《ぶんざえもん》の屋敷跡だという伝承もあるが、将軍の鷹狩場だった可能性が高いという。享保年間（一七一六～三六）に下総関宿《せきやど》藩久世《くぜ》家の下屋敷になり、池を中心とした庭園が築かれた。明治十一（一八七八）年、その跡地を買い取った三菱財閥の創始者の岩崎弥太郎は、全国から数々の名石、奇石を集めて広大な回遊式庭園を再構成した。大小の石が押しつけがましく並べられているが、池泉を中心とした庭園の原型は大名屋敷時代

旧安田庭園の心字池は笠間藩本庄家下屋敷に由来する

関宿藩久世家下屋敷に由来する清澄庭園

につくられ、往時の雰囲気は味わえる。岩崎弥太郎は池泉に、隅田川につながる仙台堀から水を引き入れていた。幕末の絵図でも、池泉の一部には隅田川の水が引き入れられていたのが確認できる。

東京スカイツリーから徒歩圏内の向島にある隅田公園は水戸藩徳川家の下屋敷跡地で、かつてここも、すぐ前を流れる隅田川から池泉に水を引き入れていた。現在、池泉を中心とした回遊式庭園があり、下屋敷の庭園遺構を利用してつくられたとされているが、旧態をどのくらい受け継いでいるのかはわからない。ただ、池にたくさんのカモメが群れる光景ひとつにも、かつての潮入の池がしのばれる。

4 大名庭園を訪ねる——台地の庭

後楽園の和漢のアトラクション

後楽園（小石川後楽園）にいると、そこが東京ドームに隣接した空間だと信じることは難しい。江戸を代表する回遊式庭園のひとつ後楽園という空間は、それくらい秘境の雰囲気をたたえている。

徳川家康の十一男で水戸徳川家の始祖である頼房《よりふさ》が、二代将軍秀忠から小石川の地に七万六千坪余りの土地を与えられたのは、寛永六（一六二九）年のこと。当初は中屋敷として使われたが、明暦三（一六五七）年の大火後、御三家の上屋敷があった江戸城内郭の吹上が防火のための火除地となったため、ここが上屋敷になった。現在、小石川後楽園として残っているのは全体の四分の一にも満たない敷地で、庭園の一部も東京ドームによって削られてしまっているが、それでも上屋敷時代の庭園の景観は非常によく保存されている。

頼房、つづいて水戸黄門として名高い二代光圀《みつくに》によって順次整備された後楽園は、テーマパークとしての性質が色濃い。そのテーマとは和漢、つまり日本と中国である。まず和からたどっていこう。現在、入り口は西門に限定されているが、あえて閉鎖されている正門から歩くことにしたい。

正門の前には内庭があり、池の前には光圀の時代に建てられた唐門があって園内の眺望を遮断し、来園者のまだ見えぬ景色への期待をあおる。花鳥の彩色彫刻が施された唐門は太平洋戦争の空襲で焼失したが、令和二（二〇二〇）年に復元された。唐門の先には「棕櫚《しゅろ》山（木曽山）」があり、その麓には、内庭から流れてきた水が南側（左）の「木曽川」に落ちる「寝覚の滝」がある。寝覚の滝は木曽川の名勝、寝覚の床にちなんでいる。つまり、ここでは木曽路が再現されている。そして山頂にいたると、主景の大泉水が目の前に大きく開けるという仕掛けである。眼下に浮かぶのが「竹生《ちくぶ》島《しま》」とよばれるのは、大泉水が琵琶湖に擬されているからで、西岸に植えられた「一つ松」は大津の唐崎の一つ松を模している。

「竹生島」が浮かぶ後楽園の大泉水

西に進むと南（左）に「龍田川《たつたがわ》」が流れ、その先は「大堰《おおい》川《がわ》」に「渡月橋」が架かる。北部は京都なのである。愛宕山にちなんだ「愛宕坂」があり、朱塗りの「通天橋《つうてんきょう》」は紅葉の名所、東山の東福寺にある同名の橋にならっている。要するに、国内の名所をミニチュア化して並べた江戸時代版のテーマパークである。名所を再現するにあたっては、平坦な埋め

「大堰川」に架かる「渡月橋」

朱舜水が設計した石造のアーチ橋、円月橋

立て地につくられた潮入の庭と異なり、起伏のある地形が最大限に活かされている。

以上を「和」とすると、そこにもうひとつのテーマ、漢が混在している。大泉水の真ん中には、仙人が住むという中国の蓬萊山にならい、石組で亀に似せた「蓬萊島」が浮かぶ。また、大堰川に架かる渡月橋の南（左）には中国の西湖に架かる堰堤を模した「西湖の堤」がある。西湖堤は旧芝離宮にもあったが、後楽園のものがさきがけだという。大堰川の東側に丸く盛り上がっているのは、中国の名勝地、廬山《ろざん》を模した「小廬山《しょうろざん》」である。

中国との関わりにおいて忘れてはならないのが、明から亡命した学者、朱舜水《しゅしゅんすい》の存在だ。寛文五（一六六五）年に光圀に招かれて以来、駒込の水戸藩中屋敷ですごし、後楽園の造園にも大きく関与した。後楽園という名も、舜水に師事した光圀が、師の助言に従って宋の范文《はんぶん》正《せい》が記した『岳陽楼記《がくようろうき》』の一説「士はまさに天下の憂いに先んじて憂い、天下の楽しみに後れて楽しむ」からとったという。

その舜水が設計したのが大泉水の北東の山中にある石造のアーチ橋、円月橋だ。当時の最先端技術でつくられ、橋が水面に映る姿が満月そのものなのでこの名がついたという。

大小の石を幾何学的に組み合わせた舗石

また先の通天橋の近くには、光圀が尊敬した古代中国の隠者、伯夷《はくい》と叔斉《しゆくせい》の像を安置した十七世紀後半の建築、得仁堂《とくじんどう》が残る。庭全体に見られる、水墨画に描かれる深山幽谷のような石組も、大小の石を幾何学的に組み合わせた舗石も、中国趣味を取り入れたものだろう。ただ、舗石は今日の視点からはモダンに映る。

招待された人が積極的に参加し、動いて味わう大名庭園。そこにまぶされたテーマパークの要素は、日本の古典と中国に対する教養で裏打ちされていた。和漢が自然に折衷されているのも日本的である。

庭の北側には梅林、藤棚、稲田、菖蒲田などの田園風景が再現され、茅葺で茶屋風の九八屋が復元されている。最後に、東京ドーム側に建つ中仕切門、腕木門形式の赤門を忘れてはいけない。江戸の大名屋敷内の建造物で、創建された位置に現存するのは、この赤門と先の得仁堂だけなのだ。

なお、後楽園の周囲は西側に築地塀が復元され、その下の石垣は江戸城鍛冶《かじ》橋門北側の外堀跡から発掘された石材が積まれている。刻印が彫られた石垣も多く、見逃してはもったいない。

柳沢吉保の教養を体現した和歌の庭、六義園

ＪＲ駒込駅南側の、レンガ塀に囲まれたおよそ二万七千坪。六義《りくぎ》園は館林藩士から五代将軍綱吉の側用人に、ついには十五万石余りを拝領する大老格にまで上り詰めた柳沢吉保《やなぎさわよしやす》が自ら設

計し、造園を指揮した庭園だ。名勝のなかでも特に価値が高い特別名勝で、関東地方でそれに指定されているのは旧浜離宮庭園と小石川後楽園、六義園の三つだけである。

吉保が綱吉から、駒込に下屋敷として約四万九千坪の土地を与えられたのは元禄八（一六九五）年四月のこと。本郷台地上の平坦な土地に、江戸でも二指、三指に入ると讃えられた回遊式庭園が完成するまで、それから七年がかかっている。その間、高まる権勢を反映して各地から銘木や名石が贈られたことも、名園の誕生に寄与していると思われる。

明治維新後、三菱の創業者である岩崎弥太郎の手に渡り、昭和十三（一九三八）年に東京市に寄付された。江戸時代は堀に囲まれ、築地塀の代わりに藪がめぐっていた外周は、そのときレンガ塀に置き換えられたようだ。ただし、現在のレンガ塀は戦後、文化財指定区域を管理するために築かれたもので、岩崎家時代の敷地は東西南北にさらに広がっていた。

『古今和歌集』の序文に和歌の六つの分類として記されている「六義《むくさ》」にその名が由来するように、六義園は吉保の文学趣味、ことに和歌に関する教養と切っても切り離せない。園内には八十八景、すなわち和歌に詠まれた八十八の景観がちりばめられ、なかでも紀州和歌の浦周辺の景色が多く再現されている。それを念頭に置き、正門から歩いてみよう。

高さ十五メートルのしだれ桜の左に立つ新脩《しんしゆう》六義園碑も、六義園と和歌との結びつきを物語る。庭が完成すると、吉保は霊元《れいげん》上皇にその絵図を献上。これに対して上皇は宝永三（一七〇六）年、六義園の「十二境八景」を選び、さらには廷臣たちに各景勝にちなむ和歌を詠ませ、

標高35メートルの藤代峠から見下ろした六義園の池泉

吉保に贈ったのだ。碑の前面には八景の名が、背面には四代保光《やすみつ》が荒れていた庭を復旧した際の事績が刻まれている。一大名に対する上皇の異例の応対は、吉保の権勢の反映であると同時に、側室だった公家の娘、正親町町子《おおぎまちまちこ》の仲介もあってのことだったようだ。

大きな池泉が広がる。水面は和歌の浦にたとえられ、右（東）が出汐湊《でしおのみなと》、左（西）が玉藻礒《たまものいそ》。正面に浮かぶ中の島には左に女を表す妹山《いものやま》、右に男を表す背山《せのやま》とよばれる築山があるが、紀州の和歌の浦にも妹背山はある。正面に立つ玉笹石は、「妹背山中に生《おい》たる玉ざさの一夜《いちよ》のへだてさもぞ露けき」の「玉ざさ」、つまり男女の仲を隔てる笹に由来する。子孫繁栄の願いもこめられているという。ちなみに出汐湊、玉藻礒、妹山、背山は、いずれも「十二境」のひとつである。

池泉を時計回りにめぐると、池にアーチ型の蓬莱島が浮かぶ。岩崎家が追加したといわれるが、江戸時代から存在した可能性も否定できないという。また、園

男女の象徴、妹山、背山からなる中の島

八十八境を伝える石柱のひとつ（しるべのおか）

千川上水を取り込んでいた水分石から泉水への流れ

内各所に八十八景の名を記した石柱が立っている。頭が三角に尖っていれば作庭当初のもので、頭が平らであれば、のちに更新されたものだ。ただし、いまも残るのは三十二である。南東の角の近くに水分石《みずわけいし》がある。滝石組の滝壺付近で水の流れを三つに分けているのだ。作庭当初は千川《せんかわ》上水の水がここから注ぎ込まれていた。大泉水の海に対し、ここでは紀川《きのかわ》の上流が表現されている。

玉藻磯の対岸、吹上浜《ふきあげのはま》に生える吹上松《ふきあげのまつ》は築堤当初に植えられたといわれる赤松だ。東の側面を歩いて北端に近づくと、杜甫、李白の詩に由来するという水香江《すいこうのえ》がある。かつては上水から引かれた水が流れ、蓮が繁茂していたという。いまは水が枯れているが情趣が感じられる。北辺に沿って歩くと、岩崎家時代にツツジの幹を柱や梁に用いて建てられたつつじ茶屋が現存する。その脇には藩主もその上で座禅を組んだという座禅石《ざぜんせき》がある。

北辺の剡渓流《ぜんけいのながれ》は中国の故事に由来する。そこに架かる山陰橋《やまかげのはし》を渡ると、両側に笹が生えた狭い蛛道《ささがにのみち》が東に延びる。蜘蛛の糸のように細くても長く続くようにと、柳沢家存続への願いがこめられている。その南にそびえるのが紀州の藤白峠になぞらえた、標高三十五メートルと園内で（文京区内でも）最も高い藤代峠である。頂上には将軍が座るために置かれたという台座型の石が残る。溶岩があしらわれているので、富士山の象徴でもあったのだろう。峠を下ったのちに渡る渡月橋のモデルも京都ではなく和歌山である。元来は土橋だったが、いまはほかの大名屋敷から運ばれた二枚の石で構成されている。

吉保が教養のかぎりを傾けた六義園は、必ずしも静かな瞑想が求められる場ではない。完成する前年の元禄十四（一七〇一）年四月、綱吉の生母の桂昌院がここを訪れた際は、各所に模擬店を設けて迎え、商品をすべて土産にもたせたという。完成の翌年に綱吉の長女鶴姫が訪れた際も、姫がちょうど庭に入ったところでつがいの鶴を飛ばすなど、凝った趣向で歓待した。まさに社交と饗宴のための庭である。吉保夫妻は晩年の五年間、ここで起居し、孫の三代信鴻《のぶとき》は引退後、十八年にわたってここでリタイア生活を楽しんだ。その後、岩崎家が持ち込んだ石や樹木はあるものの、吉保の理想はいまもかなり、その姿をとどめている。

自然の地形を活かした庭園1

熊本藩細川家の屋敷跡は各地に存在感を保っている。中屋敷の跡地は現在、上皇ご夫妻がお住まいの仙洞仮御所（旧高輪皇族邸）や高輪中学・高等学校、都営高輪一丁目アパートなどの敷地になっている。ここは赤穂浪士のうち大石内蔵助以下十七人が切腹した地でもあり、アパートの一角には切腹地が保存され、庭園の石の一部も残る。また、邸内に生えていたスダジイが幹回り八メートルを超える巨木となって、いまも枝葉を繁らせている。

現在、品川区が管理している戸越公園とその周囲も、寛文六（一六六六）年以降、細川家下屋敷だった。ただし、文化三（一八〇六）年に石見浜田藩松平家に、つづいて伊予松山藩松平家の手に渡っている。維新後も何人かの手を経由して明治二十三（一八九〇）年に三井家の所有に

段丘の地形がうまく活かされた肥後細川庭園

なり、昭和七（一九三二）年に当時の荏原村に寄付された。いまも起伏に富んだ敷地を活かした回遊式庭園の面影をよくとどめる。かつては豊富な湧水で知られ、水量が減ったいまは水道水を混ぜているものの、水の美しさは保たれている。平成二十五（二〇一三）年に開園した隣接する文庫の森公園にも、同じ藩邸内にあった池泉が残っている。

だが、池泉回遊式の大名庭園の特徴をよりとどめているのは、目白台の肥後細川庭園である。もとは旗本の屋敷だったが、江戸末期に徳川御三卿の清水家、つづいて一橋家の所有となり、幕末に細川家の下屋敷および抱屋敷になった。神田川が左岸の目白台地を削って段丘となった地形が活かされ、崖下《がけした》の湧水を水源にした池泉を見下ろしながら、樹林帯を散策できる。湧水を利用した渓流などもある。この地は明治維新後も細川侯爵邸となり、洋館などを建てる際、庭にも手を加えたと予想されるが、江戸期の立体的な回遊式庭園がよく伝えられている。

一方、同じ神田川の右岸にあるのが甘泉園《かんせんえん》公園だ。都電

◀小石川植物園の庭園は綱吉の白山御殿由来

清水家下屋敷の庭園だった甘泉園公園

筑波大附属小の自然観察園、占春園は江戸の三名園のひとつ

荒川線早稲田停留所からすぐの土地は、安永三（一七七四）年に御三卿の清水家が下屋敷として拝領。庭園は湧き水がお茶に適していたことから、甘泉園と名づけられたという。その後、所有者は相馬子爵家、早稲田大学と替わり、戦後に東京都、そして新宿区へと移管された。神田川右岸を東西に走る台地と低地の間の高低差が利用され、山吹の井というひょうたん型の池の周囲を、南側の三島山を登るなどしながら回遊でき、大名庭園の面影をしのぶことができる。

大塚の筑波大学附属小学校の自然観察園として管理されている占春園《せんしゅんえん》は、徳川光圀の弟、松平頼元《よりもと》を藩祖とする陸奥守山《もりやま》藩松平家の上屋敷、中屋敷の跡地で、自然の地形の高低を活かした池泉回遊式庭園の名残がある。園内には延享三（一七四六）年に建てられた旧守山藩邸碑文が残り、それによれば、四季折々の美しさを活かした庭は往時、青山の池田邸、溜池の黒田邸と並ぶ「江戸の三名園」と讃えられたという。

占春園から東にわずかのところに小石川植物園がある。この地の来歴は少しややこしいが、江戸を味わうのに重要な場所なので触れておきたい。もとは承応元（一六五二）年に館林《たてばやし》藩松平家がこの土地を拝領して下屋敷を設け、白山御殿とよばれた。その当主は幼い松平徳松、のちの五代将軍綱吉だった。綱吉が将軍になり、子の徳松が世継ぎとして江戸城西の丸に入ると館林は天領になり（徳松は夭折）、白山御殿の一部が薬園となって、小石川御薬園とよばれるようになった。

八代将軍吉宗のとき、御薬園は白山御殿の跡地全体に広げられ、現在、東京大学大学院理学系研究科が管轄する小石川植物園は、当時の御薬園の約四万五千坪にわたる敷地をほぼ踏襲している。吉宗が享保七（一七二二）年に養生所を設け、同二十（一七三五）年に青木昆陽《こんよう》に甘藷《かんしょ》（サツマイモ）を試作させたのも、御薬園の敷地内だった。養生所内の井戸や甘藷の試作地がいまも残る。幕末には御薬園の面積は西北部の約五千百坪だけになり、残りは旗本屋敷などに替わったが、維新後、東京府が所管する大学病院附属御薬園となるとき、享保時代の敷地が復活したという経緯がある。

というわけで庭園である。御薬園は小石川台地の南端に沿い、下の低地も交えて長方形に切りとったような敷地で、段丘を回遊しながら、斜面の下から湧き出る水が注ぐ泉水を眺められるように庭園がつくられている。自然の起伏がたくみに活かされたこの庭は館林藩邸時代の名残で、旗本屋敷となっていた間も継承されていた。江戸の地形と、それを活かした庭の好例を堪能できる。

自然の地形を活かした庭園2

千駄木の須藤公園にも、土地の高低差が活かされ、深い山中から流れ下るかのような滝もある回遊式の庭がある。ここは加賀藩の支藩、大聖寺藩《だいしょうじ》前田家の下屋敷跡地で、池泉の中の島には、大名屋敷時代にさかのぼる祠堂がある。明治維新後、長州出身の政治家の品川弥二郎《やじろう》や、実業家の須藤吉左衛門の邸宅になったが、庭園は旧態を損なわないように保存されたという。

大聖寺藩前田家下屋敷の池泉が残る須藤公園

渋谷のBunkamuraからほど近い鍋島松濤《しょうとう》公園は、明治九（一八七六）年に旧佐賀藩主の鍋島家に払い下げられたため鍋島の名を冠するが、紀州藩徳川家下屋敷の跡地だとされる。園内には池泉が残り、背後の台地をふくめ周囲を回遊できる。幕末には庭園があった敷地南側は旗本の長谷川家に割譲されていたことが確認できるので、厳密には大名庭園ではないかもしれないが、大身の武家の屋敷跡には変わりない。

青山通り沿いの国連大学の一帯には淀藩稲葉家の下屋敷があった。国連大学の裏手からは植え込みの向こうに、青山病院の敷地だった空き地が見下ろされ、東（右）側に池が見える。藩邸時代の池泉の名残だ。

目黒区青葉台の菅刈《すげかり》公園は、大名庭園の一部が復活した事例である。この一帯は豊後岡藩中川家の抱屋敷だった。ただし明治初年に西郷隆盛の弟、従道《じゅうどう》が取得し、大きく手を加えたようだ（近隣の西郷山公園の名前は従道に由来する）。その後、旧国鉄用地になり、戦後は国鉄の職員住宅が建っていたが、平成九（一九九七）年に目黒区が土地を取得。調査すると地中に庭園がよい状態で保存されており、一部が復元整備されたのだ。西郷邸時代に改変は受けても、池泉の位置などは変わっていないようで、名園とうたわれた藩邸時代の名残は味わえる。

岡藩中川家由来の庭園が復元された菅刈公園

毛利家下屋敷に由来する檜町公園

荒木町の窪地の策の池は高須藩松平家上屋敷の庭の名残

六本木の防衛庁跡地を再開発した東京ミッドタウンに隣接し、一体整備された檜町《ひのきちょう》公園は、長州藩毛利家下屋敷の庭園、清水園の跡地だ。屋敷は元治元（一八六四）年、京都で起きた禁門の変で長州藩が幕府と軍事衝突すると没収され、御殿などはすべて破却された。明治七（一八七四）年に第一師団歩兵第一連隊の駐屯地になり、つづいて防衛庁の敷地になったのち、庭園だった部分は公園となっていた。平成十九（二〇〇七）年からの整備で回遊式庭園になったが、整備前のほうが原型をとどめていたとも考えられ、復元考証を欠いたことが惜しまれる。

四ツ谷に近い荒木町にあった尾張藩の支藩、美濃高須《たかす》藩松平家の上屋敷は、明治以降ユニークな道をたどった。維新後、屋敷はいったん政府に収容されながら、旧高須藩主の松平家に戻された。ところが、小規模な旧大名には屋敷の維持は難しく、敷地は次々と切り売りされて茶屋や料理屋、一般住宅が建ち、戦前にはそこに花柳街が形成された。いまもそうした雰囲気を残す界隈の石段を下りきった窪地に、かつての庭園の一部が小さな策《むち》の池として残っている。池畔に祀られている津《つ》の守《もり》弁財天もかつての邸内社である。

広大な下屋敷の庭園

敷地が十三万六千坪におよんだ尾張藩徳川家下屋敷、通称戸山荘は、数ある大名庭園のなかでも奇想天外な庭で知られた。広大な面積のおよそ八割が庭園で、庶民の暮らしを体験できるように東海道小田原宿を模したとされる宿場が原寸大で再現されたほか、巨大な滝の水量を調

◀最大の藩邸、加賀藩下屋敷内の築山が加賀公園に残る

戸山公園の箱根山は広大な尾張藩下屋敷内の築山

明治神宮の御苑の池は井伊家下屋敷内の池泉

節して、川を渡ると直後に飛び石が水没するスリルを味わえるなど、文字通りの体験型テーマパークだった。泉水の規模も広大で、御成りをした十一代将軍家斉は「天下の園地は、まさにこの荘を以て第一とすべし」と激賞した。

維新後に陸軍戸山学校の敷地になったため、いまも一部が戸山公園としてまとまった面積を保っている。庭園は壊されてしまったが、大泉水を掘った土を盛った築山、玉円峰が残る。陸軍用地のころから「箱根山」とよばれるようになったこの小山は、標高が四十四・六メートルと山手線の内側で最も高い。また、公園の中心部の窪地は大泉水の跡である。

尾張藩を上回る十八万坪超の広さを誇った彦根藩井伊家下屋敷は、ほぼ明治神宮の敷地と重なる。明治政府が井伊家から買い上げ南豊島御料地となっていたため、広大な神域を確保できたのだ。神宮の御苑の池（南池）は、菖蒲園になっている部分もふくめて藩邸時代の池を引き継いでいる。また御苑内には、井伊家の前にこの地を拝領していた加藤清正の時代にさかのぼると伝わる清正井《きよまさのいど》も残る。神宮北部の芝地に接する池（北池）も藩邸時代にさかのぼる。

約二十一万八千坪とさらに広大だったのが、加賀藩前田家の下屋敷で、江戸の大名屋敷で最も広かった。石神井川が邸内を流れ、その水を取り込んだ大きな池泉があり、中山道板橋宿が近いので、参勤交代の際、藩主がここで休憩をとるなどしたという。そのほとんどが失われてしまったが、都営三田線新板橋駅から徒歩で数分の加賀公園に、築山の一部が残る。

JR目黒駅から近い国立科学博物館附属自然教育園と、隣接する東京都庭園美術館は、ともに徳川光圀の兄、松平頼重《よりしげ》が拝領した高松藩松平家下屋敷だった。明治以降は陸海軍の弾薬庫、つづいて白金御料地となったため、広大な敷地が分割されずに残された。そのうち朝香宮《あさかのみや》邸だった部分が庭園美術館になっている。

ここには室町時代後期に白金長者とよばれた豪族が館を構え、自然教育園内には館を囲んでいた土塁が残る。自然教育園になってからは、自然の状態を保つために下草の手入れがあえて放棄されているが、藩邸時代に植えられた「物語の松」や「おろちの松」がいまも繁っている。「水生植物園」や「水鳥の沼」も回遊式庭園の池泉の名残である。一方、庭園美術館の日本庭園は、朝香宮邸時代に手を加えられたが、原型は藩邸時代のものだ。ただ、弾薬庫や皇室の御料地になって人の手が加わらなかった自然教育園内の池泉のほうが、藩邸時代の原型をとどめていると思われる。

自然教育園は武蔵野台地の一画、淀橋台の縁に位置し、同じ淀橋台の少し南方には岡山藩池田家下屋敷があった。JR五反田駅から徒歩圏内の、高級住宅街で知られる池田山一帯で、住宅街を歩くだけでかなりの高低差を感じる。この崖の斜面にある池田山公園には、崖をうまく利用し、高台から池を覗き見ながら回遊できる庭園がある。ただ、のちにどのくらい手が加えられているか、情報がない。

東京メトロ広尾駅から近い有栖川宮《ありすがわのみや》記念公園も、現在の三万坪超の敷地は盛岡藩南部家下屋敷の西側五分の三ほどと重なる。明治二十九（一八九六）年に御用地となり、有栖川宮威仁《たけひと》親

新宿御苑の玉藻池は内藤家下屋敷時代の造形を保つ

王の邸宅が設けられた。有栖川家断絶後は高松宮御用地となり、昭和九（一九三四）年に東京市に下賜されている。麻布台地の変化に富んだ地形を活かし、泉水と渓谷で構成された池泉回遊式庭園は、御用地時代に手が加わっただろうが、池泉の形状などもほぼ藩邸時代を踏襲している。

新宿御苑の広大な敷地は、かなりの部分が、徳川家康の重臣、内藤清成《きよなり》を祖とする高遠《たかとお》藩内藤家の下屋敷の敷地だった。明治五（一八七二）年、農業や園芸を研究する内藤新宿試験場となり、同三十九（一九〇六）年に皇室の庭園となったため、現在も広大な敷地が公園として残されている。高遠藩は三万三千石の小藩ながら幕府の信頼が厚く、甲州口という江戸の守りの要所を託されていた。藩邸時代の庭園の一部が伝わるのが、新宿御苑大木戸門から近い玉藻《たまも》池で、玉川上水の余水を引き入れた回遊式の名庭だった。一七〇〇年代につくられ、池泉の造形は基本的には往時と変わっていない。

第三章　震災、戦災を生きのびた寺社

1　将軍家の菩提寺

江戸の周縁に置かれた寺社

江戸の都市空間は大きく、武家地、寺社の境内がある寺社地、町人が住む町人地に分けられていた。内訳は、すでに述べたように武家地が七割近くを占め、残りを寺社地と町人地でほぼ分けあっていた。ちなみに内藤昌氏によれば、人口密度は一ヘクタールあたり、武家地が約百七十人なのに対し、町人地は六百七十人超とかなりの高密度だった。一方、寺社地は約五十七人にすぎない。『江戸名所図会』などを見ても、木々が多い江戸の名所のなかでもとりわけ寺社の境内は木々に囲まれていたようだ。

ただし、寺社地の豊かな自然環境は、寺社が江戸の中心部を避けるように、周縁に置かれていればこそ得られたという見方もできる。たとえば、三代将軍家光の事績が描かれた「江戸図屛風」を見ても、江戸の町の中心を占めるのは、もっぱら江戸城と、大名屋敷をはじめとする武家屋敷である。寺社も描かれてはいるが、中心部には立地していない。

ヨーロッパの古都は、パリであれ、ロンドンであれ、ミラノであれ、町の中心に教会がシンボリックに建っている。そこに江戸との大きな違いが見いだせる。しかも、「江戸図屛風」に描かれているのは明暦三（一六五七）年の大火以前の江戸で、大火後は主に防災上の理由から、多くの寺社が城からさらに離れた場所に移転させられた。付記すれば、そこには大名の配置転換と同じく、移転で出費を強いて寺社の力をそぐという目的もあったと考えられる。

西洋の教会が権力者をふくむ人間を、精神面でも行動についても強く縛る装置だったのに対し、江戸における寺社は、権力者にとっても、庶民にとっても、主に現世利益を求める対象と意識されていた。したがって町の中心にある必要はなく、さまざまな方途に利用しやすい場所に置かれたとは考えられないだろうか。もちろん、江戸のような軍事都市にとっては、第一に町の防御のための利用である。幕藩体制下の全国の城郭でも、寺町は基本的に城下町の外側に配置されていた。防護の観点からそういう縄張りが敷かれたのだ。

江戸で将軍家にとって最も重要な寺は二つの菩提寺、寛永寺と増上寺だったが、ともに外堀の外に位置し、前者は奥州道中や日光道中、後者は東海道という、江戸を守るための要所中の要所を固めていた。さらには軍事面にとどまらず、精神的な防御という役割も負っていた。陰陽道では艮《うしとら》（北東）の方向を鬼門、坤《ひつじさる》（南西）を裏鬼門として忌み嫌った。このため鬼門は寛永寺、裏鬼門は増上寺が押さえていたのである。

では、二つの菩提寺のうち、より歴史のある増上寺から訪ねることにしたい。

増上寺に残る江戸初期の門

都営地下鉄の大門駅で降り、同名の門をくぐって東京タワー方面に歩くと、正面に高さ二十

1622年に建てられた増上寺の三解脱門

一メートルの大きな赤い門が見えてくる。増上寺の山門、三解脱門《さんげだつもん》だ（三解脱とは三つの煩悩《ぼんのう》を克服する悟りの境地のこと）。元和八（一六二二）年に幕府の大工頭、中井正清《まさきよ》によって建てられた二重の楼門で、全体に朱漆が塗られている。明暦の大火に耐え、その後の火災も震災や戦災もくぐり抜けた、江戸初期の面影を残す貴重な遺産で、国の重要文化財に指定されているが、よく残ってくれた。というのも、浄土宗の重要寺院である増上寺は、栄華を極めながら、その後があまりに残念な歴史に見舞われたからである。

　家康が江戸に入府したころはいまの麴町にあったが、いったん日比谷に移転。慶長三（一五九八）年に、現在の芝の地に移った。そのころすでに、家康は徳川家の菩提寺に選んでいたようだ。将軍家の厚い庇護を受けたため、その後の寺運の隆盛はすさまじく、二十五万坪もの広さの境内に百二

増上寺の旧方丈門、黒門

十以上の堂宇、百数十の学寮が建ちならび、常時三千人を超える修行僧の念仏が響いていたという。もちろん広大な境内が与えられたのは、京に向けた江戸の玄関という役割を担い、東海道を守り固めていたという事情と無関係ではないだろう。

ところが、神仏分離と、それを機に起こった廃仏毀釈によって寺運は一転する。日本では伝統的に、神仏習合の習わしによって仏教と神道は相補ってきた。ところが慶応四（一八六八）年、明治政府は天皇を中心に据えた新たな政体を正当化する建前として、神道による祭政一致をもくろみ、神仏分離令を発した。すると、この令は全国で拡大解釈され、寺院の破壊が相次ぎ、短期間に全国の寺院の総数は半減したといわれる。なかでも「朝敵」の菩提寺であった増上寺は容赦されなかった。寺領が大幅に減らされたばかりか、明治七（一八七四）年には廃仏主義者による放火で大殿ほかが焼失している。

いま増上寺の周囲には芝公園やプリンスホテルがあるが、以前はそれらの土地もみな増上寺の寺領だった。さらには先の大戦で、五重塔や徳川将軍家の霊廟など、残された遺構の多くが焼失してしまった。しかし、周囲が丸坊主になっても三解脱門だけは建ちつづけ、この凜とした唐様の門があるおかげで、往時の隆盛に想像をめぐらせることができる。

三解脱門の南には旧方丈門、黒門が建つ。本柱の前後に控え柱が二本ずつ、左右合わせて四本立つ四脚門（本柱と合わせ六本の柱で支えている）で、十七世紀後半の建築とみられる。往時は全体が黒漆で塗られていたために黒門の名があり、蟇股《かえるまた》に浮き彫りされた唐獅子や牡丹に桃山建築の豪華さがしのばれる。港区の有形文化財に指定されている。

黒門をくぐると南側に白壁土蔵造の経蔵が建っている。慶長十（一六〇五）年に創建され、天和元（一六八一）年に改造されたのち、享和二（一八〇二）年にいまの場所に移築されたと伝わる。内部には八面の経巻棚が設けられ、家康が寄進した重要文化財の大蔵経などがここに収蔵されていた。都の有形文化財の指定を受けている。本堂の裏手には、かつて三解脱門をくぐって左手に建っていた旧広書院表門が、景光殿表門として移築されている。唐破風が側面にある平唐門形式の四脚門で、十七世紀末か十八世紀初頭に建てられたと考えられ、蟇股には三つ葉葵紋が彫られている。港区の指定有形文化財である。

また、増上寺には将軍十五代のうち、二代秀忠を皮切りに、六代家宣、七代家継、九代家重、十二代家慶、十四代家茂の六人が葬られ、空襲を受けるまで霊廟が残っていた。とりわけ台徳院（二代秀忠）霊廟は、日光東照宮に匹敵する壮麗な装飾を誇っていた。いまも有章院（七代家継）霊廟の二天門は、東京プリンスホテル内に建つ。台徳院霊廟の惣門も、戦後四十五メートルほど位置を移されたうえで、ザ・プリンスパークタワー東京の入り口に現存し、桃山建築の華やぎを伝えている。ともに国の重要文化財に指定されている。

本堂の裏にはかつて、家光の三男で甲府宰相とよばれた綱重（清揚院）の霊廟があった。明治期に解体されたが、そこにあった水盤舎が現存し、三解脱門をくぐったところに移築されている。

ところで、焼失した将軍の霊廟の跡地はその後破壊され、台徳院霊廟跡の真上にザ・プリンスパークタワー東京が、そのほかの霊廟跡には東京プリンスホテルが建っている。現在、墓石に相当する石造や銅造の宝塔は徳川家霊廟として一カ所にまとめられ、入り口には両方の扉に三つ葉葵が五つずつ鋳抜かれた家宣廟の中門、鋳抜門が転用されている。各大名が寄進した石灯籠なども残り、有料で拝観できる。だが、たとえば台徳院霊廟は、惣門のほかに後《ご》水尾《みずのお》天皇がしたためた額を掲げる勅額門、将軍が参詣する際に使われた御成門、正室の崇源院（江《ごう》）の墓所への通用門だった丁子門が焼け残ったのに、ホテル建設のために所沢（狭山山不動寺）に移されたほか、灯籠など数多くが散逸したことは、残念でならない。

家継の霊廟
の二天門

秀忠の霊廟
の惣門

現在の徳川家霊廟の入り口は家宣の霊廟の中門だった鋳抜門

上野戦争と空襲を逃れた寛永寺の遺構

将軍家の祈禱寺として建てられ、増上寺に負けず劣らず隆盛を極めたのが上野の寛永寺である。家康、秀忠、家光の三人が帰依し、百八歳まで生きたと伝わる天海僧正が、江戸に天台宗の拠点をつくりたいと望んだため、秀忠が上野の山を寄進し、家光が本坊を、現在の東京国立博物館のあたりに建立した寛永二（一六二五）年が創建の年とされている。東叡山寛永寺という名からも、比叡山延暦寺を意識していることがわかる。延暦年間（七八二〜八〇六）に創建されたから延暦寺なのと同様、寛永年間（一六二四〜四四）の創建だから寛永寺で、年号を使用するためにわざわざ勅許を得ている。しかも、江戸城の鬼門に位置する上野の山を、京の内裏から見て鬼門の方向にある比叡山になぞらえ、不忍池を琵琶湖に重ねた。天海はこうして、京都にとっての比叡山同様に、寛永寺を江戸にとっての聖地にしつらえたのだ。それは幕府の思惑とも一致した。江戸城の鬼門を押さえ、朝廷がある京都の権威を借りたうえで、幕府の仮

宝塔が一ヵ所にまとめられた徳川家霊廟

想敵、仙台の伊達家をはじめとする東北の大名ににらみを利かせられるからである。

家光の葬儀が行われたこともあって、寛永寺は徳川家の菩提寺と認められ、四代家綱以降、五代綱吉、八代吉宗、十代家治、十一代家斉、十三代家定が葬られた。歴代、皇子が迎えられた山主は将軍と同格とされ、最盛期には寺領が一万千七百九十石、寺域は三十万坪を超え、上野公園の全域どころか、その二倍もの寺地を所有していた。

だが、慶応四（一八六八）年、新政府軍に抵抗する幕臣を中心とした彰義隊《しょうぎたい》がここに立てこもり、江戸の無血開城後、大村益次郎が指揮する新政府軍の総攻撃を受けた、いわゆる上野戦争の舞台となった結果、大半の堂宇が焼失。増上寺と同様、「賊軍」の寺というレッテルを張られて寺領の大半が没収されてしまった。新政府軍が寛永寺を半日でねじ伏せ、壮麗さを誇った伽藍の数々を焼き討ち同然にしたのは、織田信長による比叡山焼き討ちになぞらえ、徳川の記憶の消滅をねらったということだろうか。

だが、それでも往時をしのぶことができる建築が、いくつか残っている。旧本坊表門の黒門は、寛永二（一六二五）年に品川の将軍家別殿から移築したもので、国の重要文化財に指定され、上野戦争の際の官軍の弾痕も数多く残る。上野公園の大噴水がある場所に綱吉時代に創建された根本中堂は上野戦争で焼失したが、寛永十五（一六三八）年に家光が建立した川越の喜《き》多院《たいん》の本地堂が、明治十二（一八七九）年に移築され、焼け残った寛永寺本地堂の用材も加えて再建された。これがいまの根本中堂で、厳密には江戸の建築ではないが、東京に残る江戸時代の建築である。また、根本中堂裏手の書院には、鳥羽伏見の戦い後に江戸に戻った十五代将軍慶喜が、慶応四（一八六八）年の二月から四月まで謹慎した部屋が残る。徳川家霊廟が空襲で焼失したことも増上寺と同じだが、JR鶯谷駅のほど近くには、焼け残りである厳有院（四代家綱）霊廟の勅額門、常憲院（五代綱吉）霊廟の勅額門と水盤舎が建ち、いずれも華麗な建築意匠が施され、国の重要文化財になっている。

特筆すべきは、天海が京都の清水寺を模して寛永八（一六三一）年に建てた清水観音堂である。当初はいまより百メートルほど北方にあったが、元禄七（一六九四）年にいまの場所に移築され、そのまま残って重要文化財に指定されている。赤く塗られたこの御堂は、歌川広重の『名所江戸百景』などにも登場する。そこに描かれた、幹で円形を描き、その向こうに不忍池が望める「月の松」も平成二十四（二〇一二）年に復元され、いまも浮世絵と同様の景色が眺められる。

ちなみに、京都の清水寺の本堂は寛永六（一六二九）年に焼失後、家光が同十（一六三三）年に再建している。二年の間に「二つの清水」が建てられたという事実に、幕府もまた上野の山を京と重ね、江戸という新しい都市の権威づけを図ったあとが読みとれないだろうか。

寛永寺についてはもうひとつ、必見の建造物がある。京成上野駅から西郷隆盛像のほうへ上がる手前に建っていた表門の黒門が、荒川区南千住の円通寺《えんつうじ》に移されている。上野戦争では黒門前で最も激しい戦闘が繰り広げられたため、門には無数の弾痕が痛々しく残る。新政府が長

寛永寺旧本坊表門だった黒門

川越喜多院から移築された寛永寺の現根本中堂

天海の時代に建てられた寛永寺清水観音堂

く放置していた多数の彰義隊士の遺体を、当時の円通寺の住持らが火葬した関係で、明治四十（一九〇七）年、帝室博物館から門を寄贈されたという。

2 将軍家ゆかりの寺

都内最大の木造建築が残る護国寺

東京メトロ有楽町線の護国寺駅を出ると、駅と同名の護国寺（真言宗）の表門である丹色の仁王門が目に入る。門の向こうの境内は空襲を免れたため、戦前の建築が数多く残るが、参内する前に仁王門の前から、境内と反対側の江戸川橋へ続く通りを眺めてほしい。右手に講談社がある一キロほどの真っすぐな通り（音《おと》羽《わ》通り）は平安京の朱雀《すざく》大路を模した、江戸時代における第一級の幹線道路だった。護国寺は幕府にとって、それほど重要な寺院だったのである。

▶この書院の奥に慶喜が謹慎していた

延宝九（一六八一）年二月、前年に五代将軍に就任したばかりの徳川綱吉が、生母桂昌院の発願で建立を決意。翌年、幕府が所有する高田薬園があった地に堂宇が建てられた。こうして護国寺は徳川将軍の祈願寺になった。

元禄十三（一七〇〇）年前後の建築とされる仁王門は、正面に金剛力士像、背面に増長天（右）と広目天（左）の二天像が安置され、文京区の指定文化財になっている。だが、まだ門をくぐらず、不忍通りを北（門に向かって右）に少し進んでほしい。通り沿いにもうひとつの門がある。やはり区の指定文化財であるこの門は、もとより護国寺と一体で明治時代に合併された護持院（筑波山大御堂の別院）の門だった。

それにしても寺院の門にしては厳めしい。元禄年間（一六八八〜一七〇四）に建てられたこの門は、実は五万石以上、十万石未満の大名屋敷表門の格式を有している。綱吉が千人以上の供揃えで参詣する前に、それに相応しい格式を整えたのだ。現存する大名屋敷の門は、いずれも江戸時代後期から幕末に建てられたものなので、その意味でも貴重な遺構である。

いよいよ仁王門をくぐる。参道を進むと石段があるが、上る前にその左右に目を向けたい。蓮葉型の手洗水盤が両側に置かれている。護国寺を発願した桂昌院が寄進したもので、元禄十（一六九七）年ごろ、江戸の鋳物師だった椎名伊予良寛《よしひろ》が製作したとされ、『江戸名所図会』にも描かれている。右側の手洗水盤の奥には、ミニチュアの富士山である富士塚、音羽富士がある。原型は十九世紀前半にさかのぼると考えられ、自由に登ることができる。

石段を登り、昭和十三（一九三八）年に建てられた不老門をくぐると、正面に本堂である観音堂が見える。だが、観音堂へは急がず、右手に目を向けてほしい。江戸時代の建築が二つある。ひとつは元禄十（一六九七）年に建てられた旧薬師堂を、大正十五（一九二六）年に大修理して移築した大師堂。もうひとつは、その左手にある重層入母屋造の鐘楼で、末広がりの袴《はかま》腰《ごし》の上に建てられた江戸中期の建築だ。梵鐘は天和二（一六八二）年に寄進されたもので、銘文には、綱吉と桂昌院がここに観音堂を建立した経緯が記されている。

観音堂に向かって左手には月光殿がある。滋賀県大津市の三井寺《みいでら》の塔頭《たっちゅう》、日光院の客殿を昭和三（一九二八）年に移築したもので、江戸の建築ではないが、桃山時代の書院様式をいまに伝える国の重要文化財である。ただし、部屋の拝観は許されていない。その奥にある薬師堂は、元禄四（一六九一）年に一切経堂として建てられ、のちに現在地に移築されて薬師堂になった。禅宗様式に特徴的な、上部が尖塔アーチ状の花頭窓が設えられている。

いよいよ観音堂だが、ここは最後に参拝すれば、感動もひとしおである。元禄十（一六九七）年、観音堂新営の幕命により半年余りを費やして造営され、元禄時代の建築工芸の粋が結集している。入母屋造、瓦棒銅板葺で主に欅《けやき》材が用いられ、現存する木造建築物としては都内最大だ。国の重要文化財の指定を受けている。

直径五十センチを超える欅の柱が五十二本も並ぶ内部は、三百年を超える歳月の証しとして色はくすんでいる。それでも、あちこちに造営時の華麗な装飾がしのばれる。天井を飾る絵画

護国寺の
仁王門

旧護持院の
門は大名屋
敷表門の格
式を有する

現存する都内最大の木造建築、護国寺観音堂

から、一枚板に手の込んだ彫刻が施された欄間にいたるまで、極彩色で飾られていたことがうかがえる。とりわけ内陣は柱も壁面も黄金色で飾られ、将軍の祈願寺の面目躍如であろう。毎月十八日に開帳される本尊の如意輪観世音菩薩像は、ふだんは拝めなくても、ほかにおびただしい仏像が安置され、そのほとんどは綱吉と桂昌院が奉納したという。それらに囲まれると、三百余年前の功徳を受けた気になる。都会の喧騒から一歩足を踏み入れただけで時空を超えられる、かけがえのない異空間である。

鬼子母神、赤穂浪士

歴代将軍の御成りがたびたびあった雑司ヶ谷鬼子母神堂は、参道から江戸の雰囲気が濃厚である。欅並木は徐々に若い木に植え替えられてはいるが、いまも樹齢四百年を超えるものが四本ある。この参道には、かつては茶店や料亭が建ちならんでいた。ま

▶護国寺の旧薬師堂である大師堂

た、境内には樹齢七百年といわれる、幹回り約十メートル、高さ約三十メートルの大イチョウもある。

寺伝によれば、永禄四（一五六一）年に現在の目白台のあたりから鬼子母神像が掘り出されたため、この地にお堂を建てることになったという。鬼子母神とはインドの鬼女、夜叉神《やしゃじん》の娘で、五百人の子を育てるために人間の子を食べていたが、釈迦に諭されて改心し、子育てや安産を守る善神になったとされる。釈迦に寄与した仏教由来のものとはいえ神と名がつき、密教が盛んになるにつれ信仰されるようになった。近くにある法明寺《ほうみょうじ》（日蓮宗）の飛び地に当たるこの鬼子母神堂も、江戸時代には子授けや安産のご利益を求める多くの参拝者でにぎわった。

神仏の区分のあいまいさは堂の構成からもうかがえる。手前から拝殿、相の間、本殿が順にならぶ権現造は神社建築の形式だ。本殿は屋根裏の墨書から寛文四（一六六四）年に上棟されたことがわかっており、加賀藩主の前田利常《としつね》の娘で広島藩主の浅野光晟《みつあきら》に嫁いだ自昌院の寄進で建てられたという。このため将軍や大奥の人々が参拝するようになり、日蓮の命日を中心に営まれるお会式《えしき》には、将軍や大奥のほか、御三家をはじめとする諸大名から旗本まで、こぞってお参りしたという。

参拝する際に対面する拝殿、および相の間は元禄十三（一七〇〇）年の建立で、平成二十八（二〇一六）年に本殿とともに国の重要文化財に指定された。裏手に回ると本殿も見ることができる。本殿と背中合わせには、天明八（一七八八）年に建てられた妙見堂がある。北極星と北斗七星を神格化する妙見《みょうけん》信仰は、菩薩が関係するとはいえ神道に近い。妙見堂も一間社流造とよばれる神社の建築様式で、鳥居もある。かつて境内にあった大鳥神社は明治の神仏分離令で分離、独立させられたものの、こうしていまも神仏習合の名残が濃厚な空間である。

浅野内匠頭長矩と討ち入りした赤穂浪士の墓があることで知られる高輪の泉岳寺（曹洞宗）も、実は将軍家と縁が深い。幼いころに人質として身を寄せた今川義元の菩提を弔うため、徳川家康が慶長十七（一六一二）年、外桜田に創建したのがはじまりで、寛永十八（一六四一）年に伽藍が焼失したのち、三代将軍家光の命で高輪に移転したという歴史がある。家光は移転のための普請を毛利、浅野、朽木《くつき》、丹羽《にわ》、水谷の五大名に命じ、その縁で広島藩浅野家の分家である赤穂藩浅野家の菩提寺にもなっていた。

空襲で本堂をはじめ大半の堂宇が焼失したが、門が二つ残っている。ひとつは天保七（一八三六）年に再建された中門。もうひとつは、その先にある天保三（一八三二）年再建の禅宗様式の楼門、山門である。山門は一階の天井に「江戸三龍」のひとつといわれた大蟠龍《おおばんりゅう》（とぐろを巻いた龍の銅彫）がはめ込まれている。

広島藩浅野家上屋敷から移築された門は第二章で紹介した。それをくぐった先にある浅野内匠頭および赤穂義士たちの墓も見逃せない。義士たちが吉良上野介の首級を、主君の墓前に供える前に洗ったと伝わる首洗いの井戸も残る。

権現造で建てられた鬼子母神堂の拝殿

鬼子母神堂の本殿には妙見堂が付属する

天保年間の建築、泉岳寺山門

諸大名が奉納した200基あまりの石灯籠

3 将軍家ゆかりの神社

上野東照宮に残る金色の社殿

東照宮は周知のように東照大権現、すなわち徳川家康を祀る神社である。日光や久能山のものが有名だが、実は上野の山にも、それらに見劣りしないものがある。現に日光に次いで重要だったのが、この上野東照宮だ。

上野の山は元来、江戸城の基本設計をし、徳川家康から譜代以上の信頼を勝ちとっていた藤堂高虎《とうどうたかとら》の屋敷地だった。元和二（一六一六）年、危篤の家康の枕元に呼ばれた天海僧正と高虎は、三人一つ処に末永く魂鎮まる場所をつくってほしいと遺言されたという。そこで高虎は屋敷地を差し出し、天海がそれを拝領して寛永寺を開山。境内には多くの伽藍や支院が建てられたが、上野東照宮もそうしたひとつだった。

泉岳寺山門の天井にはめ込まれた大蟠龍

実は「東照大権現」という神号を考案したのも天海だった。この僧の手腕は寛永寺のところでも述べたが、上野の山を神格化する道筋ひとつを見ても、見事というほかない。寛永四（一六二七）年に東照社として創建され、正保三（一六四六）年に朝廷から「宮」号を授かって東照宮となった。その五年後の慶安四（一六五一）年には、祖父家康を敬愛していた三代将軍家光が、日光まで参拝に行けない江戸の住人のために日光に準じる豪華な社殿をつくる、という趣旨で造営替えをし、その社殿がいまも残っている。

老中や大老として秀忠や家光を補佐した酒井忠世《ただよ》が、寛永十（一六三三）年に奉納した石の鳥居をくぐると、社殿を造営替えした際に諸大名が奉納した二百余基の石灯籠が参道にならんでいる。だが、石灯籠では先の鳥居の外、境内の南側に建つ通称「お化け灯籠」も見逃せない。東照宮の創建後間もない寛永八（一六三一）年、織田信長の重臣だった佐久間盛次《もりつぐ》の四男、佐久間勝之《かつゆき》がほかにさきがけて寄進したもので、高さ六・〇六メートルと巨大なので、「お化け」と形容される。日本三大灯籠のひとつに数えられている。

石灯籠の先に四十八基の銅灯籠がならぶのも壮観だ。金色に輝く唐門の両側に連なる六基は、内側から紀伊、水戸、尾張の御三家から二基ずつ寄進されたものである。唐門は金地に極彩色で飾られ、左右には、日光東照宮の「眠り猫」を彫ったことで知られる左甚五郎作と伝えられる、昇り龍と降り龍の手の込んだ彫刻がほどこされている。周囲の透かし塀には、二百種類以上の多種多様な動植物が鮮やかな色彩で活き活きと彫り込まれている。

向かって左脇の透かし塀に開けられた入り口から社殿の前に出ると、その豪華さに目を奪われる。拝殿、幣殿（相の間）、本殿が順に並ぶ権現造で、「金色殿」と称されたといわれるだけのことはある。ちなみに、このあともたびたび出てくる権現造は、東照宮に採用されることが多かったためにその名がある。全体が金色に輝き、軒下は極彩色の彫刻で装飾されている。日光の東照宮に負けず劣らず豪華だが、同時に調和がとれ、品位が保たれている。

寛永寺の伽藍の大半が灰燼《かいじん》に帰した上野戦争でも火の手がおよばず、関東大震災でも倒壊せず、太平洋戦争では社殿の裏に爆弾が落ちたものの、不発弾だったため被害を受けなかったという。江戸初期の権現造の粋が、奇跡の賜物として上野の山に残っているのだ。とりわけいまは、平成二十五（二〇一三）年に終えられた修復で、創建時の輝きがよみがえっている。社殿のほか、唐門、透かし塀、すべての銅灯籠、それに石の鳥居も重要文化財に指定されている。

参道に敷かれた石や灯籠群も交えた境内全体で江戸の空気感を味わえる上野東照宮は、もとは前述のように寛永寺の一部だった。それが明治政府の神仏分離令によって独立させられる際、浮いてしまった建物があった。参道を唐門に向かう途中、右手に見える五重塔である。

寛永八（一六三一）年、老中土井利勝《としかつ》が東照宮の一部として寄進したのが最初で、同十六（一六三九）年に焼失後、すぐに再建されていまにいたる。「浮いてしまった」のは、神仏分離令の下では、釈迦の骨である仏舎利を納める塔が神社の境内にあってはならなかったからだ。当時、神社所有の五重塔は全国に珍しくなかったが、その多くは破壊されてしまった。しかし、

黄金に輝く上野東照宮の本殿

上野東照宮の唐門を内側から

上野東照宮では宮司の機転で五重塔を寛永寺に寄進し、呼び名も寛永寺五重塔と改めたため、取り壊しを免れたのである。

ところが、寛永寺は離れていて管理しきれないことを理由に、昭和三十三（一九五八）年に東京都に寄付。このため現在は上野動物園の敷地内にあり、動物園に入園しないと近寄ることはできない。だが、五重塔を見るためだけに動物園の入園料を払う価値がある。全層が和様、屋根は四層までが本瓦葺で五層目だけは銅瓦葺。朱で塗られ、初層の四辺の角には龍の彫刻が、正面の緑色の連子窓の上にある蟇股には、十二支の彫刻が極彩色でほどこされているなど、芸も細かく装飾されている。

もちろん国の重要文化財だが、神社からも寺からも切り離され、孤独に建っているのが気の毒だ。現在は神仏を分離しなければならないという義務はないのだから、ふたたび東照宮の管理下に戻して、一体としての参拝ができるようにはならないものだろうか。

宮司の機転で破壊をまぬかれた五重塔

権現造の完成形が残る根津権現

江戸幕府は巨大な土木工事を、全国の諸大名に頻繁に請け負わせた。江戸に世界最大級の城ができあがったのも、この天下普請が可能だったからだが、上野東照宮から歩ける距離にある根津権現もまた、天下普請で造営された。

日本武尊《やまとたけるのみこと》が創祀したと伝わ

る歴史ある神社だが、現在の場所に社殿が設けられたのは、生類憐みの令で知られる五代将軍綱吉の治世だ。それまでは綱吉の兄で甲府宰相とよばれた綱重の屋敷、つまり甲府藩徳川家下屋敷だった。跡継ぎが早逝するなどして嫡子がいなかった綱吉が、綱重の子の綱豊を養嗣子に迎えることになり（のちの六代将軍家宣）、甲府藩が途絶えたため、屋敷地は幕府に献納された。そこで綱吉は宝永三（一七〇六）年、その地に天下普請で大規模な造営をおこなった。こうして、将軍家宣の生誕地を守る産土神《うぶすながみ》の役目を負った根津権現の境内には、いまも家宣が生まれた際、母体から排出された胎盤や胎児を包んだ膜を埋めたとされる胞衣《えな》塚が残り、十数個の割石が積み重ねられている。それどころか、権現造の完成形と評価される絢爛豪華たる社殿一式が現存するのである。

境内南側の表参道口から鳥居をくぐって進むと回遊式の庭園があるのは、ここがかつて甲府藩の下屋敷だったことと無縁ではない。池に架けられた神橋を渡ると、朱に塗られた楼門（随身門）に迎えられる。その名の通り、正面左右に随身、つまり貴族の警護のために随従した近衛府の官人の像が置かれており、右側の随身は徳川光圀がモデルだといわれる。楼門を抜けると、やはり朱色に塗られた透かし塀が四方を囲んでいる。その中央には、両妻に唐破風をしつらえた唐門がある。黄金の装飾が美しい。

唐門の奥に社殿が姿を現す。先ほど「権現造の完成形」と書いた。権現造とは本殿と拝殿の間を相の間で連結し、ちょうど「工」の字のように連ねた神社の社殿形式で、相の間は一般に、拝殿と同じ高さの板敷にされて幣殿として使われる。近世の神社建築に多く用いられ、この場合の「権現」は徳川家康の神号、東照大権現からとられている。朱を中心に黒、青をあしらい、そこに金を交えた色彩も、適度にほどこされた彫刻も、日光東照宮のように過剰ではない分、むしろ品位が保たれて美しいともいえる。社殿一式のほか、楼門、唐門、三棟の透かし塀、その西側（向かって左側）に設けられた西門の計七棟が国の重要文化財に指定されている。社殿と唐門は昭和六（一九三一）年に旧国宝（いまの重要文化財）の指定を受け、すべてが戦火を免れて、戦後にあらためて重文とされた。都内における稀有な例である。

もっとも、昭和二十（一九四五）年一月、米軍の焼夷弾が本殿に命中し、拝殿と幣殿に延焼するという不幸は経験している。甚大な被害を受けたが、令和元（二〇一九）年に出火した首里城正殿のように焼け落ちなかったのが不幸中の幸いで、戦後、焼け残った部材を用いながら修復できた。石造建築が大半を占めるヨーロッパでは、激しい空襲を経験した都市でも、以前の景観をかなり取り戻すことができている。木造建築が建ちならんでいたため一面焼け野原になった日本で、その木造建築の旧状を復元できたのも、稀有な話だといえよう。

ところで、江戸時代には根津権現とよばれたが、明治以降の正式な名称は根津神社である。権現という語は、日本の神々は仏が人々を救うために姿を現した仮の姿だとする本地垂迹《ほんじすいじゃく》思想による神号なので、神仏分離令のもと、排除されたのである。だが、日本の伝統を重んじるなら、むしろ根津権現とよぶべきだろう。政教一致につながる祭政一致の考え方を排除すること

神橋の向こうに根津権現の随身門

装飾が美しい根津権現の唐門と透かし塀

にもつながるはずだ。

根津権現は境内全体で江戸を感じることができるが、加えるなら、境内にある末社の駒込稲荷は、この地が甲府藩徳川家の屋敷だった時代には邸内社だった。失われた大名屋敷の空気にも触れられるのである。

家光が寄進した三社権現

浅草の浅草寺《せんそうじ》は、江戸情緒を残す下町の代名詞として知られる。事実、飛鳥時代の創建と伝えられる江戸最古の寺院だが、

権現造の完成形、根津権現の拝殿を唐門から臨む

根津権現の境内に残る家宣の胞衣塚

人でごった返す仲見世通りの入り口の雷門も、商店街を抜けた先の宝蔵門も、その先にある本堂の観音堂も、五重塔も、主要建造物はみな戦後に再建された鉄筋コンクリート造である。雷門が焼失したのは幕末だが、いま挙げた残り三棟は、関東大震災でも倒壊を免れながら、昭和二十（一九四五）年の空襲で失われてしまった。とりわけ慶安二（一六四九）年に建てられ、江戸初期の大型本堂の代表作として国

宝に指定されていた観音堂の焼失が惜しまれる。

しかし、観音堂の右手にある鳥居をくぐると、江戸時代の空間が広がることは、あまり知られていない。江戸三大祭りのひとつ、三社祭で知られる三社権現である。浅草寺観音堂と同じ慶安二年に、三代将軍家光の寄進で建立された社殿が、戦災を奇跡的に免れて残っている。

浅草寺と三社権現はもともと一体で、後者は前者の鎮守社だった。日本では古来、土着の神道と外来の仏教が同じ信仰体系のものと理解され、寺院には鎮守社が、神社には神宮寺があるのが普通だった。それが国家神道による祭政一致をめざした明治政府の神仏分離令で強引に分けられ、それを機に廃仏毀釈という仏教の破壊運動まで起こったことはすでに述べた。三社権現は明治元（一八六八）年に三社明神社になり、同六（一八七三）年から、正式には浅草《あさくさ》神社とよばれている。

三社という語にも浅草寺との深い結びつきがある。伝承によれば推古天皇三十六（六二八）年、猟師の檜前浜成《ひのくまのはまなり》、武成《たけなり》兄弟が隅田川で漁をしていると、網に何度も同じ人形がかかった。そこで引き揚げ、郷土の文化人であった土師真中知《はじのまなかち》に伝えると、「聖観世音菩薩だ」との返答。土師が間もなく出家し、自宅に像を祀って寺にしたのが浅草寺のはじまりで、檜前兄弟と土師の三人を祭神として祀ったのが三社権現だというのである。

鎌倉および室町幕府の将軍たちが手厚く庇護してきた浅草寺を、徳川家康も祈願所にした。江戸城の北東に位置するので、鬼門除けになるのに加え、長く源氏（徳川家も系図上は源氏を名乗った）に信仰されてきた由緒ある寺だからである。そういう事情もあって、のちには家康の神号の東照大権現も、大国主命と一緒に三社権現の祭神に加えられた。祖父の家康を慕った家光が、浅草寺の伽藍と三社権現の整備に力を入れた背景がうかがえる。

さて、国の重要文化財になっている社殿は、三十三年をかけた修繕をへて創建当時の輝きがよみがえっている。建築様式は神体が祀られる本殿、神への供え物をする幣殿（相の間）、拝礼する拝殿が一列に並び、幣殿と拝殿が渡り廊下でつながる権現造で、上野東照宮や根津権現と同じである。拝殿から壮麗な内部を覗くことができ、奥にはひな祭りでおなじみの右大臣と左大臣が随身として置かれている。数多くの霊獣が描かれた外壁にも注目したい。中国由来の想像上の鳥、鳳凰や、ビール会社のマークにもなっている麒麟、胴体が魚で翼がある飛龍等々。いずれも一度は薄れた彩色が取り戻されている。

一方、浅草寺も、江戸建築がすべて灰燼に帰したわけではない。三社権現の鳥居の右手に朱塗りの門がある。国の重要文化財、二天門だ。三社権現の社殿と同じく慶安二（一六四九）年に、かつて境内に存在した東照宮の随身門として建てられた。江戸時代は神像が祀られていたが、明治の神仏分離後、神像は三社権現に遷され、いまは寛永寺にある四代将軍家綱の霊廟から運ばれた持国天（右）と増長天（左）が収められている。門前右手には、安永六（一七七七）年に寄進されて江戸の人たちが手を清めた石製の手水鉢が置かれたままだ。

三社権現の社殿と同じ年に家光が建てた橋本薬師堂や、元和四（一六一八）年の建築である小

家光が建立した三社権現の社殿

東照宮の随身門として建てられた浅草寺の二天門

さな単層瓦葺の六角堂も残る。境内では江戸時代に青銅や石でつくられた多くの塔や仏像にも出会える。銅造宝《ほう》篋印塔《きょういんとう》は屋根型の笠が乗る高さ約八メートルの塔で、宝暦十一（一七六一）年に鋳造された。観音と勢至の二菩薩の金銅座像である二尊仏は貞享四（一六八七）年、唐銅製の阿弥陀如来像は元禄六（一六九三）年にさかのぼる。元和四年に東照宮に参詣する神橋として

元和時代に建てられた浅草寺の六角堂

1687年にさかのぼる浅草寺の二尊仏

つくられた、都内最古の石橋もある。

また、仲見世の西側にある古風な門の奥にある伝法院《でんぼういん》は、浅草寺の本坊、つまり僧坊で、普段は非公開だが、安永五（一七七六）年の建築である客殿や、その翌年に建てられた玄関などが残り、国の重要文化財になっている。大名屋敷さながらの江戸の空間が江戸初期の名園とともに広がっているのだ。

浅草は一番の名所の

周囲でこそ、本当の江戸に出会える。

将軍と近親が寄進した三社

赤坂のTBSから徒歩で数分の距離に、江戸の空気が影や湿気もともなって濃密に残る空間がある。赤坂氷川社の境内である。木々が生い茂り、あちこちに江戸の年号が刻まれた鳥居や灯籠、狛犬があり、さながら異界。樹齢四百年といわれる大イチョウも枝を繁らせている。

この地にはもともと、浅野内匠頭夫人であった瑤泉院の実家、備後三次藩浅野家の下屋敷があった。一方、氷川社はもともと赤坂見附交差点の近くにあった。そこは現在、赤坂御用地となっている紀州藩徳川家中屋敷からほど近く、紀州家出身の八代将軍吉宗や、その息子の九代将軍家重にとっては、生まれた土地の守護神である産土神が氷川社だった。そういう縁でこの神社を深く信仰していた吉宗は、将軍になると享保十四（一七二九）年、老中であった岡崎藩主の水野忠之《ただゆき》に命じ、享保三（一七一八）年にお家断絶となった浅野家の下屋敷跡地に社殿を立てさせたのである。

数々の被災をまぬかれてきた権現造の社殿は銅葺朱塗りの総檜造で、東京都の有形文化財に指定されている。上野東照宮や根津権現の華麗な表現に慣れた目には、軒下の組み物や装飾が少なく、簡素に見えるかもしれない。享保の改革を主導し、質素倹約を奨励した吉宗だから、絢爛豪華な建築は控えたのだろう。しかし、佇まいには風格があり、境内の空気と相まって江戸を強く感じさせられる。

氷川社が赤坂ならこちらは渋谷である。渋谷駅から徒歩数分の、首都高速渋谷線からわずかに南に入ったところにも、江戸らしさを色濃く残す将軍ゆかりの神社がある。金王《こんのう》八幡宮だ。平安末期から室町時代までこの地には渋谷氏の居館（渋谷城）があり、その中心にあった八幡宮を鎮守と崇めたのがはじまりで、渋谷の地名もそこから発祥したといわれる。渋谷城は小田原の後北条氏の別動隊に攻められ、大永四（一五二四）年に落城したが、境内がある小高い丘は、たしかに中世城郭を彷彿とさせる。

現在の社殿は、徳川家光（幼名は竹千代）が三代将軍になると決まったとき、家光の乳母の春日局と守役だった青山忠俊《ただとし》の寄進で慶長十七（一六一二）年に造営された。当初、のちの駿河大納言忠長である才気煥発な弟、国松が将軍になるという風説が流れ、このため忠俊は氏神として信仰していた金王八幡宮で、竹千代が将軍になるように熱心に祈り、春日局も八十両の護摩料を奉納したという。晴れて将軍家光の誕生が決まると、神の加護に感謝して忠俊は多くの材木を、春日局は金百両を寄進し、社殿が造営されたと伝わる。その後、何度かの修理が重ねられてはいるが、江戸初期の権現造をいまに伝える。小振りの社殿には各所に鮮やかな彩色彫刻が施され、拝殿正面の左右上部には、世の安寧の象徴である貘《ばく》と、正しいまつりごとの象徴である虎が彫られている。また、赤門と称される神門は、建てられた年代に二説あるが、享和元（一八〇一）年を下ることはないという。ともに渋谷区の有形文化財に指定されている。

吉宗が建てさせた赤坂氷川社の社殿

江戸初期の権現造を伝える金王八幡宮の社殿

家斉が寄進した王子稲荷社の外拝殿

渋谷の喧騒から徒歩数分で江戸の空間に逃げこめる、格別な場所である。

王子駅から徒歩数分の王子稲荷社も、代々の将軍の祈禱所になっていた。ここは関八州の稲荷の総本社で、稲荷は商売繁盛や家業の守り神とされたため、ほかにも幅広い階層の信仰を得ていた。石段の脇に、一部の壁がピンクに塗られた幼稚園が建つのが興ざめだが、登りきった先に建つ社殿は見ごたえがある。複雑に屋根を組み合わせた八棟造りという形式で、文政五（一八二二）年に十一代将軍家斉が寄進したものだ。そのうち本殿は戦災で焼失してしまったが、拝殿、内拝殿、幣殿が現存する。とりわけ外拝殿は、昭和六十二（一九八七）年の修復で極彩色の装飾が蘇り、文化文政時代の粋をいまに伝える。

王子ではこの王子稲荷社よりも、むしろ王子神社のほうが知られている。だが、神仏分離以前は王子神社、当時の王子権現は王子稲荷社とともに、東光金輪寺が別頭として管轄し、二つの神社は王子両社として等しく信仰されてきた。明治政府の神仏分離令を受けて二社が独立し、金輪寺は廃寺になってしまったのである（その名はいま、かつての支坊が継いでいる）。

4　江戸の遺産が見られる寺社さまざま

大名ゆかりの寺

白金台の瑞聖寺《ずいしょうじ》は、承応三（一六五四）年に明からやってきた隠元《いんげん》が開祖の禅宗、黄檗《おうばく》宗の寺院。やはり明から隠元に招かれて来日した木庵《もくあん》を開山とし、寛文十（一六七〇）年に創立された。このとき黄檗宗に深く帰依していた摂津麻田藩主の青木重兼《しげかね》が援助して伽藍が建てられている。

その後、二度の火災で大きな被害を受けたあと、宝暦七（一七五七）年に再建されたと推定される大雄宝殿が現存する。本堂に相応する建物で国の重要文化財に指定され、平成三十（二〇一八）年に隈研吾氏の設計で新築された庫裏とも調和している。本瓦葺の入母屋屋根の下に裳階《もこし》（軒下の壁面を囲う庇状の構築物）がめぐらされた黄檗宗らしい建築で、薩摩藩主、島津重豪《しげひで》が書いた扁額が掲げられている。また、高麗門形式の旧通用門も重要文化財の附指定を受けている。

瑞聖寺から白金高輪駅方面に向かって徒歩圏内の覚林寺《かくりんじ》（日蓮宗）は、加藤清正が祀られていて「清正公《せいしょうこう》」とよばれる。文禄、慶長の役の際、清正が李氏朝鮮から連れ帰った王子で、のちに出家した日延が寛永八（一六三一）年に開山した。弘化二（一八四五）年の大火で全焼したのち、幕末の慶応元（一八六五）年に再建された清正公堂が残る。拝殿と本殿を幣殿でつないだ権現造なのは、神仏習合の名残だろう。土蔵造の本殿は明治中ごろの再建のようだ。また安政三（一八五六）年に再建された山門は銅板葺の薬医門で、両側に脇戸がついている。

大石内蔵助らが切腹した高輪の熊本藩細川家中屋敷は、覚林寺から近く、以前は加藤家の屋敷地だった。覚林寺が創建された翌年、清正の跡を継いだ忠広が改易され、代わりに熊本に入封した細川家がこの屋敷も拝領したのだ。だが、清正に根強い人気があったこともあり、細川家は以後も覚林寺を手厚く庇護している。

新発田《しばた》藩溝口家や麻生藩新庄家など多くの大名の菩提寺で、いまもその墓所があるのが東京メトロ本駒込駅に近い吉祥寺《きちじょうじ》（曹洞宗）だ。長禄二（一四五八）年、太田道灌がいまの江戸城和田倉門内に創建し、家康の入府後、水道橋のあたりに移転。明暦の大火で被災したのち駒込に移った。ちなみに、この大火で焼失した門前町の住人らが幕府の斡旋でいまの武蔵野市に移住し、開墾した土地を吉祥寺村と名づけたのが、武蔵野市吉祥寺の由来である。

往時は栴檀林《せんだんりん》とよばれる僧侶の養成機関があり、常時千人を超える学僧が学んでいた。駒澤

瑞聖寺の大雄宝殿は重要文化財

山門から見た権現造の覚林寺清正公堂

堂々たる吉祥寺の山門

東本願寺八尾別院から移築された善福寺本堂

広重も描いた本門寺総門

大学の前身だ。太平洋戦争の空襲で多くの伽藍が焼失したが、文化元（一八〇四）年に再建された経蔵が現存する。桟瓦葺で屋根のいただきに青銅製の露盤宝珠が乗る。各所に施された彫刻も見事で、内部には経典を収蔵する八角形の転輪蔵が置かれる。文京区の指定文化財になっている。また、享和二（一八〇二）年に再建された山門は堂々とした四脚門。境内には享保七（一七二二）年に鋳造された青銅製の吉祥寺大仏もある。

麻布十番の仙台坂下に近い善福寺《ぜんぷくじ》（浄土真宗）は、空海が開山したと伝わる古刹で、幕末から明治初期にかけてアメリカ合衆国公使館になったことでも知られる。空襲で焼けた本堂は、三代将軍家光が日光東照宮などの造営に携わった大工棟梁、甲良《こうら》宗広《むねひろ》に建てさせたものだった。現在の本堂は江戸の建築でこそないが、明和四（一七六七）年に建てられた東本願寺八尾別院の本堂が移築され、江戸時代の浄土真宗の建築をよく伝える。港区の指定有形文化財である。境内には樹齢七百五十年以上で、幹回りが十・四メートルにも達するイチョウの木もある。

江戸の市域の少し外だが、大田区池上の本門寺《ほんもんじ》は外せない。日蓮が入滅した地に創建され、江戸後期には祖師（宗派の開祖）が信仰の対象になったことから参拝者を集めたが、それ以前から多くの大名の庇護下にあった。紀州藩徳川家の菩提寺で墓所があるほか（大田区指定史跡）、加藤清正と正室、前田利家の側室（三代利常の母の寿福院）らの層塔（それぞれ大田区指定有形文化財）などが見られる。

昭和二十（一九四五）年四月十五日の空襲で伽藍の大半が焼失したが、それでも境内にはいくつかの江戸建築が残る。高さ六・四メートル、総欅造の高麗門である総門は、歌川広重の『江戸近郊八景』などにも描かれた元禄年間（一六八八〜一七〇四）の建築だ。総門の先の石段は江戸初期に加藤清正の寄進で造営されたもので、元禄のころ改修されたが、造営当初の祖型を残している。戦後再建された大堂の西（左）側に建つ宝形造《ほうぎょう》（屋根の隅棟がみな中央に集まり、水平の棟がない形式）の経蔵は天明四（一七八四）年の再建で、内部に回転する八角形の書架、輪蔵がある。大田区の有形文化財の指定を受けている。

関東地方で最も古い五重塔もある。徳川秀忠が十五歳のころ悪性の疱瘡《ほうそう》にかかると、乳母の岡部局《おかべのつぼね》は大奥から本門寺に日参し、回復したら仏塔を寄進すると念じて祈ったという。無事快癒した秀忠が二代将軍になると、譜代大名の青山忠俊が普請奉行を務めて慶長十二（一六〇七）年に建立された。七年後の地震で傾き、元禄十五（一七〇二）年に五代将軍綱吉の命で現在地に移されたという。初層が和様、二層目からが唐様の、桃山建築の遺風を伝える貴重な五重塔で、国の重要文化財に指定されている。日蓮の遺骸を茶毘《だび》に付した地に、文政十一（一八二八）年に上棟された多宝塔も重要文化財だ。方形の基壇に円形の蓮華座が置かれ、その上に赤と金で彩られた宝塔が乗る。屋根の下の鮮やかに彩色された複雑な彫刻も見逃せない。

幕府の防衛拠点、寺町を谷中に見る

上野の北に位置し、南部は上野山に続く台東区谷中。寺院が建設されはじめたのは寛永寺の

関東地方で最も古い本門寺の五重塔

創建後で、その後、幕府はここを寺町にすることを計画した。神田や日本橋など外堀の内外にあった寺院が次々と移転させられ、明暦の大火後、その流れに拍車がかかった。いまも江戸時代の町割りがほぼそのまま残り、荒川区西日暮里三丁目にまたがって七十を超える寺院が連なっている。しかも、地域全体が太平洋戦争の戦火をほぼまぬかれたため、江戸情緒が色濃く残っている。

ところで、幕府は寺院を管理するためだけに寺町を設けたのではない。防衛上危険な方面または要所に寺院を並べ、城下の守りを固めさせるねらいがあった。谷中の場合、江戸の鬼門を押さえ、東北ににらみを利かせていた寛永寺に連なるように、尾根を中心に寺社がならべられたという事実からも、その役割がよくわかる。

　それでは荒川区側から歩こう。JR日暮里駅北口を出て御殿坂をのぼりきった右側に、明暦元（一六五五）年創建の経王寺《きょうおうじ》（日蓮宗）がある。ここの山門は天保七（一八三六）年に建てられたもので、正面左に番所が設けられ、武家屋敷風で格式が高い。門番所をふくめ荒川区の指定文化財である。また、この寺は敗走した彰義隊士をかくまい、新政府軍の攻撃を受けたので、山門には当時の弾痕がいくつか残る。経王寺の角を右（北）に曲がると、左側に慶安元（一六四八）年創建の延命院（日蓮宗）がある。本堂、七面堂、庫裏が三列に並び、七面堂と庫裏の一部は江戸時代にさかのぼるとされる。また、境内には樹齢六百年を超えるといわれ、『江戸名所図会』にも描かれたシイがいまも青々と茂っている。

　谷中一帯でも西日暮里側は空襲を浴びた。道をさらに北に進んで右側にある養福寺《ようふくじ》（真言宗）も例外ではないが、幸いなことに仁王門は残った。安置されている仁王像の胎内から宝永四（一七〇七）年の銘札が見つかったことと、蟇股などの装飾の特徴から、宝永年間（一七〇四〜一一）の建築だと考えられ、荒川区指定有形文化財になっている。

　経王寺まで戻り、そのまま尾根伝いを二百メートル余り南に進むと、観音寺（真言宗）がある。延宝八（一六八〇）年に神田からここに移転したこの寺の見どころは、南側の角を曲がると右側に現存する、瓦をはさんで練り土を重ねた幕末の築地塀だ。関東大震災で一部が倒壊したが、できるかぎりもとの資材を使って組み直されたという。国指定の有形文化財に登録され

延命院の七面堂や庫裏は江戸時代にさかのぼるといわれる

◀玉林寺本堂は寛永年間の建築か

谷中の象徴、観音寺の築地塀

ている。

築地塀の先を左折し、南に進んで都道四五二号線に突き当たったら右折。次の角をまた右折すると立善寺《りゅうぜんじ》（日蓮宗）がある。元禄十（一六九七）年にこの地に移り、安永二（一七七三）年に建てられた本堂と山門が残っている。都道に戻って左折すると、右側に妙円《みょうえん》寺《じ》（日蓮宗）がある。

谷中に移ったのは元禄十七（一七〇四）年で、本堂は文政年間

文政年間の建築という妙円寺本堂

（一八一八〜三〇）の建築といわれる。都道を東にのぼって信号を右折、次の角を右折すると本妙院《ほんみょういん》（日蓮宗）があり、やはり本堂が建ったのは文政年間だという。

本妙院の南角を西に右折すると有名な谷中のヒマラヤ杉があり、その右側に、寛永七（一六三〇）年に現在地に創建された蓮華寺（日蓮宗）がある。本堂はこれまた文政年間の建築。だが、それ以上に貴重なのが朱に塗られた山門で、創建当時から幾多の災難をまぬかれて建ちつづけているという。蓮華寺の斜向かいにある妙行寺《みょうぎょうじ》（日蓮宗）は元禄二（一六八九）年に谷中に移転し、本堂は寛延三（一七五〇）年の再建という。妙行寺の前の道を東南に進むと右手にあるのが、寛永七年創建の本光寺（日蓮宗）で、土蔵造の本堂は江戸時代の建築だといわれる。

都道三一九号（言問通り）を右折して南西方面に進むと、右手に玉林寺《ぎょくりんじ》（曹洞宗）があり、本堂は寛永年間（一六二四〜四四）の建設とする説がある。また、入り口にはそれぞれ「有章院殿　尊前」、「惇信院殿　尊前」と彫られた二つの石灯籠が立つ。前者は七代将軍家継、後者は九代将軍家重の院号で、ともに「増上寺」の名も刻まれている。ホテル建設のために破壊された増上寺の将軍家霊廟から運ばれてきたのだろう。都道をさらに西南に進んで右折すると、右側に本寿寺《ほんじゅじ》（日蓮宗）がある。慶安三（一六五〇）年に現在地に移転した寺で、祖師堂は文政八（一八二五）年、本堂は幕末の建築とされるが、改築を受けているようだ。

残念ながら東京には、江戸建築が点在はしていても、江戸が面で残っているエリアはほとんどない。その意味で谷中はきわめて貴重な地域である。

ところで、江戸時代に谷中で広大な境内を誇ったのは、ここが寺町になる前から存在した天王寺だった。この寺はもともと感応寺といったが、日蓮宗でも法華経を信じない人からは布施を受けず、他宗の僧に施しを与えない不受不施派だったため、幕府から弾圧され、天台宗に改宗し、さらには寺号も改めたという歴史がある。しかし、上野戦争で堂宇の大部分が焼失したため、明治政府が境内の大半を共同墓地にしたのが、十五代将軍慶喜らも眠る谷中霊園である。いま境内には、元禄三（一六九〇）年に鋳造された銅造の釈迦如来坐像があり、台東区の指定有形文化財になっている。

いまもそびえる江戸の富士山

古代から富士山は霊峰として拝まれてきた。火を噴く山への畏怖にはじまり、しばらくは遠くから拝む遥拝の対象だった。だが、次第に足を踏み入れての登拝が盛んになり、日本古来の山岳信仰と結びついて、多くの修験者が山頂をめざすようになった。

江戸時代になると富士山を信仰する組織、富士講が江戸を中心に数多く結成される。特に享保十八（一七三三）年、伊勢出身の食行身禄《じきぎょうみろく》が八合目付近の烏帽子岩で断食し、三十一日後に宣言通りに入定《にゅうじょう》、つまり命を召されてからは富士講が大流行した。信者たちは講ごとに、案内人である御師《おし》の引率で富士山に詣でたが、当時はだれもが簡単に富士山に登れたわけではない。しかも女人禁制だった。

そこで、老若男女だれもが気軽に登拝できるようにと、江戸の各地にミニチュアの富士山である富士塚が築かれ、その数はいまの二十三区内だけで五十を超えたという。登れば本物の富士に登山したのと同じ霊験が得られるというので、多くの人でにぎわった。特に旧暦六月一日の山開きには、講の代参人が富士山に登り、ほかの人は富士塚に詣でた。

前方後円墳を利用したとされる駒込富士神社

いつでも登れる千駄ヶ谷富士

旧状をよく残す
下谷坂本富士

住宅街に囲まれた
長崎富士

富士塚は単に富士山のような姿をしているだけではない。つづら折りの登山道と、何合目まで登ったかを示す号目石が設けられ、五合目には右手に小御岳があり、七合目を超えると左手に身禄が入定した烏帽子岩があり、山頂には祠や奥宮の社殿が置かれている。また、麓に向かって右手には、噴火で生じた空洞をまねた御胎内があり、塚の表面には富士山から運ばれた黒ボクとよばれる溶岩が貼りつけられている。つまり、信仰の対象としての富士山を、ミニチュアの上で擬似体験できるようになっていたのだ。

江戸で最初の富士講は駒込富士神社で組織されたと伝わる。この神社の歴史は富士講より古く、天正元（一五七三）年、本郷に富士浅間社を勧請したのがはじまりで、そこに加賀藩前田家上屋敷ができると駒込に移転した。ただし、駒込の地にはすでに延文年間（一三五六〜六一）に塚の存在が記録されている。もともと前方後円墳だった可能性が高いという。頂に社殿が建つ大きな富士塚で、富士山の溶岩が敷き詰められた塚の斜面には、多くの石碑が建ちならぶ。

はじめての富士塚体験にいいのが、「登山道」がよく整備され、いつでも気軽に登れる千駄ヶ谷富士だ。高さ六メートル、直径二十五メートルほどで、JR千駄ヶ谷駅から徒歩数分の鳩森八幡神社境内にある。寛政元（一七八九）年に築かれたというのが定説だが、十六世紀にさかのぼるという説もある。塚の前には土を掘った窪地を利用した池があり、石橋を渡ってごつごつとした石段をつづらに登っていく。小御岳、烏帽子岩など要所には細かく標識が立ち、頂上の金明水と銀明水など、富士山の数々の名所が小さな山に再現されている。東京都の指定有形民俗文化財になっている。

登れる時期はかぎられるが、旧態がよく保たれているのが、JR鶯谷駅から徒歩数分の下谷にある小野照崎神社境内の下谷坂本富士である。天明二（一七八二）年に築かれ、文政十一（一八二八）年に大修復されたもので、高さ約五メートル、直径約十六メートル。富士山の溶岩でおおわれ、東京に残る富士塚のなかでは往時の姿を最もとどめる。国の重要有形民俗文化財で、毎年六月三十日と七月一日に一般にも開放される。

小野照崎神社を訪れたからには、幕末の慶応二（一八六六）年に建てられ、関東大震災と空襲で大きな被害を受けた下谷に奇跡的に残った社殿も見逃せない。庚申塚も日本三大庚申のひとつで、正保二（一六四五）年につくられたものなど十一の塔が祀られている。

東京メトロ千川駅から徒歩数分、住宅街に囲まれた長崎富士（高松富士）も、国の重要有形民俗文化財だ。高さ約八メートル、直径約二十一メートルで、やはり富士山の溶岩で埋めつくされている。文久二（一八六二）年と刻まれた碑がいくつも立ち、その年に築かれたと考えられている。頂上に大日如来坐像が祀られ、山腹は小御岳石尊大権現碑や烏帽子岩奉献碑など、数多くの石造物でおおわれる。金網に囲まれているが、七月の第一土曜、日曜に登ることができる。

以下は江戸というよりは、当時の江戸近郊の富士塚である。練馬区の江古田駅前、浅間神社の背後にそびえる江古田富士は、高さ約八メートル、直径約三十メートルと大きい。関東大震災で損壊したが復旧され、頂上には天保十（一八三九）年に造立された奥宮の石祠が祀られている。やはり重要有形民俗文化財で、正月三が日、七月一日のほか九月の第二土曜、日曜に登山できる。

北区の東十条駅から近い十条富士も、江戸時代の原型をよくとどめる富士塚として知られ、

大きな江古田富士

◀赤坂の報土寺に
残る築地塀

削られた十条富士の無残な姿

北区の有形民俗文化財に指定されていた。ところが、前を通る都道四六〇号線（日光御《お》成《なり》道《みち》）を拡張するために移設が決まり、訪れたとき（令和三年一月）には、すでにすべての木が切り倒され、祠や石碑、溶岩も除去された無残な姿をさらしていた。指定文化財がいとも簡単に破壊される現実に、言葉を失った。

寺社以外の聖地

ＪＲ御茶ノ水駅から

1704年に建てられた湯島聖堂の入徳門

見て、人工的に切り開かれた神田川をはさんだ向かい側に、湯島聖堂がある。敷地内は敷石や石垣もふくめ、いまも江戸の情緒が濃厚で、周囲の喧騒とかけ離れた異空間となっている。

　儒学に力を入れた五代将軍綱吉が元禄三（一六九〇）年、幕府御用達の儒学者、林羅山の上野忍岡《しのぶがおか》の屋敷にあった孔子廟と家塾をここに移したのがはじまりだ。それから百年、寛政二（一七九〇）年に老中松平定信による寛政の改革の一環として、朱子学以外の学問を禁じた寛政異学の禁が出されると、それを受けて寛政九（一七九七）年、林家の手を離れて幕府直轄の学問所、昌平坂学問所（昌平黌《しょうへいこう》）となった。

たび重なる火災で焼失を繰り返したが、孔子らの像を安置したいわゆる聖堂である大成殿をはじめ、寛政期の建築の多くが明治維新後も残り、大正十一（一九二二）年には敷地全体が国の史跡に指定された。ところが、翌十二年の関東大震災でほとんどが焼失してしまい、現在の大成殿やその入り口の杏壇門《きょうだんもん》などは昭和十（一九三五）年に鉄筋コンクリートで再建されたものだ。しかし、黒塗りの建物は寛政期の建築を模しており、年輪をへて風格が表れている。

大成殿は石段の上に建つが、石段を登る前にくぐる四脚門形式の入徳門は宝永元（一七〇四）年の建築。つまり、度重なる火災も関東大震災もくぐり抜けてきた。ただし入徳門の左右の透かし塀は、一部が空襲で損壊している。

また、聖堂の敷地を囲む築地塀は、歌川広重の『名所江戸百景』に描かれた佇まいを伝えているが、関東大震災後に再建されたものだ。現存する築地塀なら、すでに紹介した谷中の観音寺のほか、赤坂の報土寺で見られる。この寺は安永九（一七八〇）年、現在の赤坂三部坂下に移っており、塀もそのころ築かれたものだという。石垣の台座に柱を立てて木枠をつくり、土で練り固め、強度を増して雨水のはけもよくするために瓦をはさんで練り土と交互に重ねている。湯島聖堂と同じスタイルである。

第四章　東京は江戸の土木遺産

1　海と付け替えられた川の跡

埋められた日比谷入江

広大な皇居前広場に点在している約二千本の黒松は、明治二十二（一八八九）年以降に植えられたもので、この場所には江戸時代を通して、老中をはじめ幕閣に連なる譜代大名たちの上屋敷がならんでいた。そして、その土地のかなりの部分は入江の埋め立て地だった。

天正十八（一五九〇）年に徳川家康が江戸に入府した当時、大改修される前の江戸城が置かれていた武蔵野台地の東端は、葦が生い茂る低湿地へと急に落ち込み、その先は海だった。現在の日本橋の少し東から新橋のあたりにかけては、江戸前島《まえじま》とよばれた半島状の微高地が江戸湾に突き出し、江戸前島の西岸は、新橋付近からいまパレスホテル東京が建つあたりまで、日比谷入江が大きく食い込んでいたのである。

しかし、この入江は城下町を整備するうえで障害になった。また、城の真下まで船で侵入できるということは、軍事上の弱点にもなったので、比較的早い時期に埋め立てられた。

まず、現在の和田倉橋の東から東京駅八重洲口の北方にかけて、ちょうど江戸前島の付け根の部分を東岸から西岸まで横断する道三堀《どうさんぼり》を設けた（明治末に埋められた）。そして、日比谷入江に流れ込んでいた、現在の神田川と日本橋川の原型である平川を道三堀につなぎ、江戸湾に

日比谷入江を埋め立てた西の丸下（現皇居前広場）

流れ出るようにした。さらには江戸前島を縦貫するように堀を設けて外堀とした（いまの外堀通り）。こうして流れ込む水源を絶ち、水気が抜けるようにしたうえで、現在の駿河台のあたりの神田山を削って、主にその土で入江を埋め立てたのである。

また、道三堀が通されてからは、日比谷入江がなくても舟運で、石材をはじめ築城に必要な大量の物資を江戸城直下まで運べるようになった。巧妙な一挙両得というほかない。

実は現在の東京は、このように家康の入府以来行われてきた土木事業と、それに付随する数々の社会基盤の整備事業のうえに成り立っている。海岸線を埋め立て、代わりに堀や水路をめぐらせ、上下水道をすみずみまで行き届かせ、街道を通して交通網を整えた。それらの跡はいまなお視覚的に確認できるものが少なくない。

まずは、かつての入江の名残をたどろう。

日比谷入江の名残

皇居前広場からスタートする。ここ旧西の丸下には、かつて譜代大名の上屋敷が建ちならんでいたわけだが、日比谷入江の跡地とその周縁だったので、長い木杭を打ってから礎石を置くなど、地盤の補強が欠かせなかったという。それでも弱い地盤はいかんともしがたい。安政二（一八五五）年の安政江戸地震では、このあたりの屋敷が軒並み倒壊したと記録されている。

外桜田門を通り抜けて内堀の外に出て、左手に日比谷濠を見ながら日比谷方面に進んでいくと、祝田橋が縦断している（内堀通り）。これは明治三十九（一九〇六）年、日露戦争の戦勝パレードのために通された道で、堀沿いの石垣が道路を通すために破壊されてしまっている。さらに進むと堀が左に折れる角で、石垣が少しせり出している。この上には日比谷三重櫓が建っていた。

堀に沿って左折する前に、右側の日比谷公園に入りたい。公園内の、南に向かって連なっている石垣と土塁は、いまの晴海通り上にあった日比谷門につながっていた、また、石垣前の心字池はかつての堀である。先ほど脇を通った日比谷濠も、心字池として残る堀も、日比谷入江の埋め残しである。

この地には長州藩毛利家、佐賀藩鍋島家、米沢藩上杉家など外様の大藩の上屋敷があったが、明治四（一八七一）年に陸軍の練兵場となった。その後、日本初の洋風近代式公園として整備さ

日比谷公園内に心字池として残る堀は日比谷入江の埋め残し

木橋が架かり枡形の石垣が残る和田倉門

れ、同三十六（一九〇三）年に開園したのだが、建物を建てずに公園にしたのは、入江の埋め立て地で地盤が弱かったからだという。

日比谷濠を日比谷公園と反対の北方に向かおう。三百メートルほど行くと大きな土橋がある。江戸時代はここに木橋が架かり、馬場先門の枡形虎口があった。明治になっても枡形の石垣は残されていたが、明治三十七（一九〇四）年、日露戦争の第一回戦勝祝賀祭が開催されると、この門めがけて人が殺到して二十人の死者が出た。枡形の守りの堅さが思わぬところで示されてしまったのだ。これを機に枡形は石垣ごと撤去され、二年後に凱旋道路が通された。さらに三百メートルほど行くとまた土橋があるが、これも江戸時代にはなかった。関東大震災後の再開発にあたり、皇居から東京駅までを直線で結ぶ行幸通りが計画され、堀を埋めた土橋上に通されたのである。馬場先門と同じく、道路を通すために石垣が大きく崩されている。

しかし、行幸通りを横断したすぐ先にある和田倉門は、いまも枡形の石垣が残り、門に通じる和田倉橋は木橋（橋桁はコンクリート）が復元されている。ここは江戸時代には蔵の御門とよばれ、武士しか通れなかった。渡櫓門は関東大震災で大破して撤去されたが、高麗門は戦後まで残り、戦災で焼失した半蔵門に移されたともいわれる。また、渡櫓台の前には、地下を流れてきた上水を溜め、分水して木樋に流していた石枡が置かれている。

ところで和田倉の語源だが、「和田」は海を意味する「わた」だといわれる。江戸城の整備がはじまったころ、ここには海上輸送で運ばれた物資を保管する蔵が、日比谷入江に面して建ちならんでいたため、幕府が成立して間もなく和田倉とよばれるようになったらしい。つまり、日比谷入江は和田倉門付近まで入り込み、いま歩いてきた和田倉濠から馬場先濠、日比谷濠まではでは、かつての入江にすっかり収まる。つまり、それらは掘られたものではなく、埋め残された入江の跡なのである。

掘削された御茶ノ水の渓谷

もともと日比谷入江に河口があったのを、道三堀に流れ込むように流路を変えられた平川だったが、神田の低地でたびたび氾濫を起こした。そこで、元和六（一六二〇）年の秋から仙台藩主の伊達政宗が担当して、江戸城北方の本郷台地の先端に当たる神田山を、北の本郷台と南の駿河台に切り分けるように掘削し、そこに平川を通して隅田川につなげる大工事が行われた。政宗の時代に原型がつくられ、四代藩主の伊達綱村のときに舟運に供することができるように拡幅され、万治四（一六六一）年に完成した。これがいま、水道橋駅から御茶ノ水駅、そして秋葉原駅方面へと流れている神田川である。仙台藩が担当したため、台地を切り裂いて通した部分は「仙台濠」ともよばれる。御茶ノ水駅前のV字の「渓谷」は、重機が存在しない時代に人力で掘られたのである。

この工事には、弱いといわれた江戸城北部の守りを固めるために、堀を大砲の射程を超える広さにするという目的もあった。碁の本因坊家に伝わるこんな話がある。二代将軍秀忠が伊達政宗と碁を打っていたとき、政宗が「本郷から攻めようか」と言うので、秀忠が真顔で「本郷は危ないのか」と聞き返すと、政宗は「いかにも危険」と返答。自ら川を通す工事を担当すると申し出たというのだ。

こうして神田川が、江戸城の外郭を囲む外堀を兼ねることになった。台地を深く掘り下げた

本郷台地の先端を切り裂いて通した神田川（仙台濠）

ために発生した大量の土砂は、神田の低地に多かった池や、日本橋方面の湿地などを埋めるためにも使われたという。また、仙台濠の先の下流域は平地が掘削され、筋違橋門や浅草橋門をへて隅田川に流れ込んだ。その結果、神田川は江戸湾に届いた物資を牛込門下の神楽河岸まで輸送するための、重要な交通網にもなった。

ちなみに、神田川で分けられた神田山の南方を駿河台とよぶのは、徳川家康の隠居先だった駿府に赴任していた直臣たちが、大御所の死後、ここに移り住んだからである。

中堀になった旧平川

一方、自然河川でなくなったかつての平川の流れも、江戸城の外堀に利用された。神田川よりは内堀寄りに位置するので、実質的には中堀である。竹橋の毎日新聞社の裏手に首都高速道路の高架があり、その下を流れる川に雉子橋という橋が架かっている。現在、日本橋川とよばれるこの神田川の支流が、その外堀にあたる。

流路が神田川に付け替えられると、かつての平川は飯田橋付近から首都高西神田ランプ付近の堀留橋まで埋められ、河川ではなくなったが、外堀として機能し続けた。その後、明治三十

雉子橋から下流は数百メートルにわたって石垣が残る

鎌倉河岸には堀からの荷揚げ場も現存する

外堀の門では旧状を最もとどめる常盤橋門

五（一九〇二）年にふたたび上流が掘られ、いまは神田川とつながっている。

雉子橋から元気象庁裏の錦橋方面に外堀沿いを歩きたい。だが、その前に、住友商事竹橋ビルの近くに一部が残る雉子橋門枡形の石垣を見ておこう。この付近から堀の護岸は、ところどころ首都高の橋脚に遮られながら、数百メートルにわたって石垣でおおわれている。慶長の末から寛永年間にかけて（第二次から第四次の天下普請で）築かれた石垣である。雉子橋の次の一ツ橋のたもとに、護岸から出っ張った石垣があるが、一ツ橋門の枡形を構成していた石垣の一部だ。一ツ橋門は隣接する平川門の前に通り抜ける大奥の通用門だった。本丸に近いので、守りを固めるためにも二つの枡形門を近くに連ねていたのである。

そのまま日本橋川沿いを下流に向かって歩くと、首都高神田橋ランプの下にも石垣がある。神田橋門があった位置で、外堀の内側には、門があったと推定される位置に、工事で出土した石が並べられている。また、鎌倉橋のたもとには石垣だけでなく、堀からの荷揚げ場も残っている。このあたりは鎌倉河岸とよばれ、江戸城の築城や修築の際に、船で運ばれた石材や木材を陸揚げするターミナルだった。

さらに下って、日本銀行本店前の常盤橋を渡ったところには、石垣がまとまって残っている。江戸城外郭の正門で武家街への入り口だった常盤橋門の跡で、渡櫓台をはじめ桝形の痕跡が、外堀に設けられた門のなかでは最もよく残る。桝形門についてはたびたび説明してきたが、出入り口に方形の空間を設け、敵を直進させないために直角に二カ所に門を開いたもの。江戸城の門の大半は桝形門だった。

ところで、川の付け替えといえば、江戸湾に流れ込んでいた利根川（現在の江戸川）を、銚子から太平洋に流すように改めた事業も忘れてはならない。関東平野は利根川が氾濫するたびに水に浸かり、それが飢饉の原因にもなった。しかし、利根川の流れを東方に付け替えれば、江戸はもちろん広く関東平野が洪水から守られ、農地の開拓もしやすくなる。

そこで家康は、江戸に入府して間もない文禄三（一五九四）年にさっそく、利根川の東遷事業に着手した。堤防や農業用水路も同時に整備され、六十年以上かけて、承応三（一六五四）年に完成している。その事業の途中では、それまで利根川に合流していた荒川を切り離す工事もはじめられた。寛永六（一六二九）年、それまでは文字通り「荒ぶる川」だった荒川は、隅田川をへて江戸湾に注ぐように流路が替えられた。東京が洪水から守られているのは、家康および江戸幕府の力に負うところが大きいのである。

2　江戸をめぐっていた先進的水道網

上水整備事はじめ

江戸に入った当初の家康が最も悩んだ案件のひとつが、水の確保だった。そのころ江戸湾に

いまも小石川後楽園内を流れる神田上水

は、利根川をはじめとする大きな河川が流れ込んでいたが、海水が混ざっていて飲み水には使えなかった。また、海沿いの低地は井戸を掘っても、塩分や鉄分が多すぎて飲料水にならなかった。

家康はまず、三河以来の家臣の大久保忠行《ただゆき》に命じて上水を整備させた。大久保は最初に小石川から神田方面に水を流す小石川上水を整備し、それを拡張して、寛永六（一六二九）年ごろまでに神田上水が整えられたと考えられている。水源は、現在の武蔵野市と三鷹市にまたがり湧水量が豊富だった井の頭池に求められた。上水の流れは、途中で善福寺川や妙正寺川からの水も受け入れて小石川の関口大洗堰（現在の文京区関口一丁目付近）に達した。流れてきた水はそこで左右に分けられ、左側は上水として、水戸藩徳川家上屋敷経由で江戸の町に送られ、右側の余水の流れは江戸川とよばれるようになった。この江戸川は、現在の神田川の飯田橋より上流に当たる。

関口大洗堰は昭和十二（一九三七）年、神田川を改修する際に撤去されてしまったが、石柱の一部が近くの江戸川公園に残されている。また、水戸藩徳川家の上屋敷内には、寛永六（一六二九）年までに上水路が引かれ、いまも小石川後楽園内を流れている。その水は藩邸内の庭園の池泉を満たす役目も負っていた。

上水はその後、本郷台地の地下に埋められた石《いし》樋《ひ》（石製の水道管）の中を通ったが、現在の水道橋駅の少し東で江戸川の下流、つまり神田川にさえぎられた。このため木製の懸樋を神田川に架け、水が川（事実上の外堀）を越えられるようにしてあった。水道橋という地名はそこに由来する。水は

江戸川公園に残る関口大洗堰の石柱

本郷給水所公苑に移されている神田上水の石樋

その後、地中に埋められた水道管、石樋や木樋《もくひ》のなかを流れ、神田や日本橋などの町人地のほか、江戸城の北の丸や本丸へ届けられた。

水道橋の手前に埋められていた石樋が長さ六十八メートルほど、昭和六十二（一九八七）年から行われた神田川分水路の工事で発見され、一部が本郷給水所の上の本郷給水所公苑に移設のうえ、屋外展示されている。現在の道路の一〜二・六メートル下にあったというその石樋は、内部の寸法が上幅約百五十センチ、下幅約百二十センチ、石垣の高さ約百二十〜百五十センチで、長さ百八十センチ、幅六十センチ、厚さ三十センチほどの蓋石を並べてふさがれている。なかなかのスケールである。

開削された玉川上水

しかし、膨張しつづける江戸には、あらたな上水の整備が欠かせなかった。そこで承応元（一六五二）年に持ち上がったのが、江戸のはるか西方を流れる多摩川から取水するという計画だった。工事の委託先として白羽の矢が立てられたのは江戸芝口の町人、庄右衛門と清右衛門の兄弟で、幕府から六千両（いまの通貨に換算すると一両を十万円として約六億円）の資金を与えられ、翌二年から工事をはじめている。

上流の羽村《はむら》に堰を設けたが、そこから終点とされた四谷までは約四十三キロの距離があり、その間の高低差は九十二メートルにすぎない。地形を読みながら、一メートルあたりの高低差を平均二ミリに抑えるという、きわめて精密な掘削技術が求められ、工事は困難をきわめたという。

まず資金が、高井戸付近まで工事が進んだところで底をついてしまった。兄弟は幕府に追加資金を掛け合うが却下され、自前で三千両を用意して工事を再開。わずかな高低差を利用して谷を避けながら武蔵野台地の尾根筋に水路を通し、承応三（一六五四）年に虎ノ門までつながる玉川上水が完成した。この成功で兄弟は玉川という名字と帯刀を許され、上水を管理する永代玉川上水役を命ぜられている。

玉川上水は四谷の大木戸に付設された水番所までは開渠《かいきょ》だった。いまも羽村から杉並区久我山の浅間橋のあたりまでは基本的に開渠のままで、かつての水量こそないが、国の史跡として流れが保存されている。そこから下流は戦後、大半の区間が暗渠になってしまい、その上が緑道や公園になるなどしている。だが、世田谷区大原の代田橋駅周辺は、国道二〇号線から京王線の高架下にかけ、地上を流れている。その少し下流の渋谷区笹塚でも、笹塚駅の近くに二カ所、それぞれ二百メートルほどだろうか、水の流れは細いものの開渠の上水道を観察できる。そして、笹塚橋から先は四谷まで地上に出ることはない。

かつては四谷の水番所でゴミなどを除去し、地下に埋められた石樋を通して江戸市中に水を送っていた。江戸城や麴町台地上の幕臣の屋敷などのほか、溜池を経由して芝や八丁堀方面に送られ、さらに細かく張りめぐらされた木樋を通って、各町内の上水井戸に注ぎ込まれた。そ

笹塚駅の近くを
開渠のまま流れ
る玉川上水

新宿高校の構内に置かれた玉川上水上に架けられた石樋

玉川上水・内藤
新宿分水散歩道

練馬区関町近くの千川上水

清水谷公園に置かれている玉川上水の石枡

れを住人は桶で汲み上げたのだ。玉川上水系だけで地下に埋められた石樋や木樋は総延長八十五キロにおよんだという。

また、江戸では生活排水などは屋敷の脇に設けられた溝に排水されるなどしたが、これが上水に流れ込んではいけない。そこで下水を流す木樋や石樋を上水の上に架け、上水が汚れないようにしていた。寛政七（一七九五）年に玉川上水の上に架けられた重厚な石樋が都立新宿高校のフェンスの内側に置かれ、歩道からも見ることができる。

いまは四谷大木戸も水番所も失われているが、平成二十四(二〇一二)年、わずかに上流の新宿御苑散策路(高遠藩内藤家中屋敷跡地)に玉川上水・内藤新宿分水散歩道が整備された。暗渠化された玉川上水の流れに沿うように、五百四十メートルにわたって小さな流れが再現されている。また、かつて水番所が存在した場所には、石樋を流用した碑が立つ。

赤坂見附に近い、紀州藩徳川家上屋敷の跡地である清水谷公園には、昭和四十五(一九七〇)年に麴町三丁目の道路工事で見つかった玉川上水の巨大な石枡が保存されている。ここに一時的に水を溜めるように地中深く四段に積まれ、一段目と二段目にまたがるところに挿入口が設けられ、分水用の木樋がつながれていた。

玉川上水が通されてからも上水が行き届かない地域のため、万治二(一六五九)年に亀有上水(本所上水)、同三年に青山上水、寛文四(一六六四)年に三田上水、元禄九(一六九六)年に千川上水が相次いで開設された。だが、これら四つは享保七(一七二二)年、一斉に廃止されている。この年に儒学者の室鳩巣《むろきゅうそう》が八代将軍吉宗に、地下に水が通っていると地気が乱れ、乾燥して風が吹くので火災が起きやすくなる、という趣旨の進言をしたのだ。現代からみればあまりに非科学的だが、幕府がそれだけ火災に悩まされていたということだろう。

千川上水は青梅街道の関町一丁目交差点より上流で、開渠の流れをいまも見ることができる。

3　整備された街道の名残

そのまま残る二つの一里塚

関ヶ原の戦いに勝利した徳川家康は、江戸を全国支配の起点として整えるために、放射状に延びる街道の整備を計画。まずは慶長六（一六〇一）年、江戸と京都を結ぶ東海道から手を着けた。続いて中山道、日光道中、甲州道中、奥州道中という五つの道幅が広い陸上交通路が設けられ、幕府が直轄した。これが五街道である。

五街道の総延長は約千五百七十五キロ。それぞれの街道から分岐する主要な脇街道を加えると、総距離は約三千五百キロにおよんだ。これらの街道があってこそ、百五十から三百人程度、一部の大大名の場合、数千人規模だったという行列をなしての参勤交代も可能となった。また朝鮮通信使や琉球国の使節、オランダ商館長らも、将軍に拝謁するためにこれらの街道を通って江戸にやってきた。

江戸城の築城や藩邸の造営には多くの労働力が必要だった。江戸が都市としていちおうの形を整えたのちも、火事が名物とされるほど多かったこの都市では、建築や土木関係の労働力需要が絶えず、地方からの出稼ぎ者も集まった。そのあたりはいまの東京にも通じるが、こうした人たちも街道を通って江戸にやってきた。また、大山参りや江の島参り、遠くはお伊勢参り

日光御成道の西ヶ原一里塚

中山道の志村一里塚

や金毘羅《こんぴら》参りなど、信仰や遊興の旅にも街道が使われた。

どの街道にも一定の間隔で宿場が置かれ、公用の書状や荷物は宿場ごとに人馬を交代して運べる伝馬《てんま》制が敷かれていた。また、慶長十（一六〇五）年には将軍秀忠の命で、街道整備のマニュアルがつくられた。それによれば、標準的な道幅は山間部などを除いて約九メートル。街道沿いには並木を植え、一里（四キロ弱）ごとに一里塚を築くこととされた。三代将軍家光のころには、歩きやすいように路面が砂利と砂で固められたという。ただし、雨が降るたびにぬかるんだと伝えられているが。

その一里塚が二十三区内に二つ残っている。ひとつは東京メトロ南北線西ヶ原駅からほど近い北区西ヶ原の西ヶ原一里塚で、日光御成道の、日本橋から数えて二番目の一里塚だった。これは日光東照宮に将軍が参拝するための街道で、本郷追分で中山道から分かれ、埼玉県幸手《さって》市の幸手宿で日光道中と合流していた。

一里塚は街道をはさんだ一対の塚で構成された。ひとつの大きさは約九メートル四方、高さ約一・七メートルが標準とされ、その上に榎《えのき》が植えられたので、二本榎と通称された。西ヶ原には道路の両側に塚が残り、榎は江戸時代のものは枯れてしまったが、新しい木が植わっている。大正時代、道路の改修工事で撤去されそうになったが、実業家の渋沢栄一や東京市長らの働きかけで保存されたという。

都営三田線志村坂上駅を出てすぐの板橋区志村には、中山道の三番目の一里塚だった志村一里塚が残る。ここもまた道路拡張工事の際に削られず、一対が残る。明治九（一八七六）年に廃毀の法令が出され、全国で取り壊しが進んだ一里塚が、東京に二つ現存するのは貴重で、西ヶ原のものも志村のものも大正十一（一九二二）年には国の史跡に指定されていた。

街道の起点となった日本橋にも簡単に触れておきたい。日本橋は旧平川の流れを利用した外堀（現在の日本橋川）の下流に架けられ、そこから北は筋違橋門に、南は京橋、新橋方面につながる日本橋通り（現在の中央通り）が、江戸の町人地を貫くメインストリートだった。そして、北は中山道、南は東海道に接続していたこの日本橋通りこそが、かつての江戸前島の尾根に当

千住宿に残る横山家住宅

千住宿の名倉医院は関東一円に知られた骨つぎだった

たる。筋違橋から続いた直線が日本橋で屈曲し、ふたたび直線になるが京橋で曲がり、そこからは新橋までまっすぐ続く。こうして道路が二回折り曲げられているのは、尾根の微高地をたくみに活かして道路が敷かれたからであり、それは東の江戸湊と西の外堀への排水を容易にするための工夫でもあった。

江戸四宿の見どころ

五街道それぞれの日

国道15号沿いに残る高輪大木戸の石垣

本橋から最も近い宿場を総称し、江戸四宿《ししゅく》とよんだ。奥州道中と日光道中が千住宿《せんじゅ》、中山道が板橋宿、甲州道中が内藤新宿、東海道が品川宿で、それぞれ日本橋から二里（八キロ弱）以内に位置していた。当初、甲州道中の最初の宿場は高井戸宿だったが、日本橋から約四里と遠かったため、「間《あい》の宿」として元禄十一（一六九八）年、内藤新宿が新設された。新しい宿だから新宿である。

江戸四宿には幕府準公認の飯盛女《めしもりおんな》、つまり私娼がそれぞれ百人単位でいて、旅籠《はたご》の多くは岡場所（私娼が集まる遊郭）を兼ねていた。江戸から近く宿泊客が少ないので、こうして利益を上げることが認められていたのだ。四宿中、いまも江戸を見いだせるのは四宿中で最も人口が多かった千住宿である。ここには天保十四（一八四三）年の時点で本陣一軒、脇本陣一軒、旅籠五十五軒が軒を連ねていたという。

千住宿にはいまもところどころに昔の町屋が残る。なかでも必見なのは、足立区が有形民俗文化財に登録している横山家住宅だ。横山家は江戸時代から続く富裕な商家で、いまでいう再生紙を商う地漉紙《ちすきがみ》問屋を本業としながら伝馬も負担していた。二階建ての母屋は江戸時代後期の建築で、昭和十一（一九三六）年に改修されながらも、江戸建築の面影をよく残す。戸口が街道から一段低いのは、上にいる客を下から迎えるためだという。裏には問屋ならではの外蔵も一棟残る。

千住宿には「骨つぎといえば名倉、名倉といえば骨つぎ」といわれ、関東一円に知られた接骨院、名倉医院があり、交通至便ということもあって、駕籠や大八車で運ばれてきた骨折患者がひしめいていたという。開業は明和年間（一七六四〜七二）と伝わり、いまも江戸時代から昭和中期まで医院に使われた建物が残り、足立区登録記念物に指定されている。

また、東海道には品川宿の少し手前に、江戸の南の入り口として、御府内と御府外を分ける高輪大木戸が設けられていた。幅約十メートルの東海道の両側に石垣が築かれ、江戸の治安を守って交通を規制するために、夜間は門扉が閉められた。京上りや伊勢参りなどに出かける旅人の送迎もここで行われた。

見落としがちだが、国道一五号線の泉岳寺交差点の北東に、海岸側の石垣が幅五・四メートル、長さ七・三メートル、高さ三・六メートルにわたって残り、関東大震災後に国の史跡に指定された。玉川上水の水番所が併設されていた甲州道中の四谷大木戸も、同様に石垣が築かれていたが現存しない。それだけに五街道をしのぶ遺跡として価値が高い。

第五章　東京の中枢に残る江戸城内を歩く

1　江戸城三の丸から「登城」する

将軍の城の正門、大手門

東京に残る江戸を見てきたが、本書の最後に皇居東御苑を探索しよう。江戸城の中枢、約二十一ヘクタールにおよぶ本丸、二の丸、三の丸は、昭和四十三（一九六八）年十月から東御苑として一般公開されている。第一章で外から眺めた大手門、平川門、北桔橋門の三カ所から入れるが（原則として月曜と金曜が休園日）、やはり正門だった大手門から「入城」したい。

数ある門のなかでも、諸大名が登城するときに通るのは大手門と内桜田門（桔梗門）にかぎられ、なかでも勅使や将軍が出入りするのは大手門だった。毎月一日、十五日、二十八日のほか、正月三が日や、端午、七夕などの五節句、徳川家康が初めて江戸入りしたとされる八朔（八月一日）、謡初《うたいぞ》めなどの行事の日、諸大名は行列を仕立てて登城した。

高麗門の前の土橋で、堀は左の桔梗濠と右の大手濠に分けられているが、大正年間までは土橋の途中から木橋が架かっていた。将軍の居城の正門だから厳重に警備され、守衛に当たったのは十万石以上の譜代大名。橋の手前両側には「下馬」と書かれた札が立ち、大名一行も門の手前の下馬所で馬から下りなければならなかった。ちなみに、「下馬評」とは下馬所で供の者が主人を待ちながら、いい加減なうわさをしたことから生まれた言葉である。また、ここから先は、大名の供連れは十一人から十三人しか許されなかった。

慶長十二（一六〇七）年に築城の名手として知られた藤堂高虎が築いて以来、大手門は登城の正門とされてきた。元和六（一六二〇）年に、伊達政宗によっていまにつながる枡形虎口と石垣が完成。明暦三（一六五七）年の大火で焼失したが、万治二（一六五九）年までに再建された。高麗門はその当時の建物が現存する。

一方、全長四十メートル、奥行き七・九メートルと、幕府の玄関にふさわしいスケールの渡櫓門は、昭和二十（一九四五）年五月の空襲で焼失した。いま建つのは東御苑が開園する前年

大手門の高麗門から櫓門を見る

渡櫓門に乗っていたと思われる「明暦三」の銘が残る青銅製の鯱

に木造で再建されたもので、枡形内には焼失前の屋根に乗っていたと思われる青銅製の鯱《しゃち》が置かれている。その頭部に「明暦三丁酉」の銘があるので、明暦三（一六五七）年の大火後に再建する際、鋳造されたと考えられる。隙がなく積まれた石垣も、火災痕は残るが美しく、さすがは将軍の城の正門である。土塀と石垣の継ぎ目に開けられた穴にも注目したい。これは石狭間で、有事の際に守備兵は雁木とよばれる石段を登り、この穴から敵に向かって鉄砲を撃てるようになっていた。

大名も駕籠を下りた下乗門

本丸方面に進むと左側に休憩所売店があり、その先には、通路の左右に切込接で積まれた石垣がある。大手三の門の高麗門の跡で、そこを抜けた枡形内の右側に現れる木造の古建築は、与力や同心とよばれた下級武士が詰めた同心番所だ。大名の供を監視するための検問所で、江戸時代後期の建築が修復されて残っている。かつては高麗門の前には蛤濠が水をたたえ、木橋が架かっていた。通路右側にある三の丸尚蔵館《しょうぞうかん》はその半分が、埋められたかつての堀の上に位置している。

大手三の門は通称、下乗門といい、そこに架けられた橋は下乗橋とよばれた。ここから先は尾張、紀伊、水戸の御三家と勅使を除いて、諸大名も駕籠から下り、従者もさらに少なくして、徒歩で登城したからである。

そういう門だから、常時鉄砲二十五、弓二十五で守られるなど警備も厳重だった。門自体も堅固に築かれていた。枡形を直角に左に曲がると渡櫓門があったのはもちろんだが、高麗門の正面と右側の石垣上も、土塀ではなく長屋式の多聞櫓で固められていた。枡形の辺をすべて多聞櫓で埋めた虎口は、江戸城内でもこの大手三の門だけだった。

渡櫓門跡を抜けると二の丸で、右に行けば二の丸御殿、直進してから右に向かえば本丸御殿という要所である。現在、舗装された広場のようになっているが、江戸時代も同様に広いスペースが保たれていた。登城する大名たちがここに集中したからである。左側には、全長五十メートル近い古建築がある。大手三の門を守衛する江戸城最大の検問所、百人番所が現存しているのだ。鉄砲百人組とよばれた伊賀組、甲賀《こうか》組、根来《ねごろ》組、二十五騎組が交代で詰め、昼夜を問わず常に与力二十人、同心百人が配置され、交代で警護にあたったという。

ところで第一章に、清水門、田安門、外桜田門は重要文化財に指定されていると書いた。ところが、これら三つの門を除くと、同心番所も百人番所も、それどころか、これまで見てきた櫓や門もみな、江戸時代の建築が現存するにもかかわらず、文化財の指定を受けていない。価値が劣るのかと誤解を招きかねないが、そうではない。すでに重要文化財に指定されている三つの門は、環境省が管轄する土地に建っている。一方、宮内庁の管轄下に建つ遺産は、歴史的にどれほど価値があっても文化財に指定されていない。皇室所有のものは、文化財保護法による指定文化財の対象外になるという慣例があるからである。しかし、そのために日本国民の財

大手三の門、通称下乗門の高麗門跡。門前の堀は埋められた

大手三の門の渡櫓門が乗っていた巨石の石垣。奥は同心番所

産が守られないという危険をはらんでいるように思うのだが。

中の門の圧倒的な石垣

大手三の門を抜けると、将軍の居所で幕府政治の中枢だった本丸まで間もない。だから百人番所を設け、厳重に警備に当たったのだが、ここが大事な場所であったことは、百人番所の南端の向かいにある中の門の石垣を見てもわかる。

この門は本丸の正門

江戸城最大の検問所だった百人番所

城内最大級の巨石が積まれた中の門の石垣

と位置づけられ、御三家もここで駕籠を下りなければならなかった。二の丸から本丸にいたる道筋は四つあるが、大名が登城時に通った正規のルートは中の門だった。江戸城には幕末の時点で九十二の門があったといい、そのなかでも要所を固める重要な六つの門は大門六門とよばれた。すでに見た順に記すと、西の丸大手門（皇居正門）、内桜田門（桔梗門）、大手門、大手三の門、中の門。加えて中の門の先にある中雀門（書院門）がそれだった。いずれも厳重に守られたのはもちろん、門を通る諸大名たちに幕府の権威を示し、徳川家には到底逆らえないと痛感させる役割を負っていた。

大門六門で中の門だけは枡形門でない。巨大な渡櫓門が直接、二の丸に面していた。この門がかつていかに威圧感を与えたか、いまも石垣から十分に感じとれる。精緻に加工された直方体の切り石を、水平方向に目地を通し、すき間なく五段に積んだ石垣の高さが約六メートル、という情報からも、ひとつひとつの築石がいかに大きいかわかるだろう。実際、その大きさは城内最大級で、なかでも大きいものは幅一・三〜一・四メートル、長さ三・五メートルで、重量は三十五トン前後にも達する。しかも巨石の大半は、はるばる瀬戸内から運ばれてきた白っぽい花崗岩なのだ。

振り返れば、大手三の門の渡櫓台の石垣も、とくに隅角石には巨大な花崗岩が使われている。花崗岩を用いると石垣が明るく見える。そのうえ中の門も大手三の門も、築石の表面にはノミで「はつり」とよばれる化粧が施されている。幕府の権威はスケールによる威圧感と同時に、美観によっても示されていたのである。

本丸御殿の正門、中雀門

中の門の内側には大番所が現存する。ここは本丸御殿に着く前の最後の検問所なので、ほかの番所よりも位の高い与力や同心が配備されていた。明治時代に改築されて作業所として使われていたが、昭和四十三（一九六八）年にもとの姿に戻された。

大きな見せ場であった中の門の先は、石垣も伊豆方面から運ばれた黒っぽい安山岩を、ある程度加工して積み上げた打込接になる。ただ、一見同じような石垣も、積まれた時期はそれぞれ異なり、その年代は築石の形状や積み方から推定できる。ここには部分的に、文禄年間（一五九二～九六）、もしくは慶長年間（一五九六～一六一五）の初期に積まれたと思われる石垣もある。加工が施されていない野面石が混ざった、大きさの統一されていない石が、目地が横に通らないまま積まれているのが、古い石垣の特徴である。

家康が征夷大将軍に任命され、名実ともに天下人になったのは慶長八（一六〇三）年で、翌年から第一次天下普請がはじまった。武士の主従関係は「御恩と奉公」で表現され、所領を保証してくれる主人の御恩に対し、従者は主に軍役を務めることで奉公した。天下泰平が実現し、軍役が事実上失われた時代には、将軍の居城の土木工事を担当することも、大名にとっては重要な奉公だった。

寛永十三（一六三六）年開始のものまで、大きく分けて五回にわたる天下普請を通し、幕府は大名の経済力を削ぎながら人的、物的資源と築城技術を提供させ、結果としてできた城が難攻不落だと知らしめるという、一石三鳥をやってのけた。だが、徳川家も豊臣政権下の一大名だったころは、大名に築城を手伝わせる立場にはなく、家康も城の整備を遠慮がちに進めた。

本丸御殿前の最後の検問所、大番所

中雀門近くの古い石垣

中雀門の門扉があった部分は石垣の損傷が激しい

この広大な敷地一杯に本丸御殿が建っていた

最初に整備された本丸周辺には、一部にその当時の石垣が残っているのである。

中の門に続くのは中雀門（書院門）で、本丸御殿の正門にあたるため、枡形の左辺は二基の二重櫓で堅く守られていた。高麗門の跡をすぎ（門脇の石垣は撤去されている）、右折して通り抜ける渡櫓門跡の石垣に注目したい。

三代将軍家光の治世の寛永十四（一六三七）年に建てられた天守の石垣は、明暦の大火で焼けただれ、天守台としての再利用が難しかった。そこで中雀門の渡櫓台に流用されたという。天守台から運ばれたと思われる石材は、角石には石の面を膨らませるように加工する「谷目《たため》地《じ》」という最高の化粧法が施され、たしかに史上最大の天守を支えていた石垣にふさわしい。また、渡櫓門の門扉の左右に位置していた石垣には、激しい損傷が残る。文久三（一八六三）年に本丸御殿が焼失した際、中雀門もいっしょに焼けている。そのときの火災痕と想像されるが、一部は天守焼失時の損傷かもしれない。

2　江戸城本丸を歩く

五回焼けた本丸御殿

中雀門（書院門）の跡を通り抜けると、遠くまで芝生の庭が広がっている。ずっと坂を上ってきたので、ここ本丸が高台であることを実感できるだろう。南北約五百メートル、東西約三百メートルの敷地で、北端近くに見えるベージュの構築物が天守台である。江戸時代にはこの広大な敷地を、南北約四百メートル、東西約百二十から二百二十メートルにわたって本丸御殿が埋め尽くしていた。本丸の面積は約三万五千坪で、約百三十棟から構成された本丸御殿の床面積は約一万坪。京都に現存する二条城二の丸御殿の十倍の規模だった。

本丸御殿は、いまでいえば総理官邸と公邸、国会議事堂と中央官庁の一部、それに迎賓館なども兼ねる徳川幕府の中枢で、手前（南）から奥（北）に向かって表、中奥、大奥に分かれていた。幕府の中央政庁にあたる「表」では、諸大名が将軍に謁見したほか、役人たちが政務に励んだ。そこでは東西約五十メートルもの大広間が最高の格式を誇り、朝鮮国や琉球国などからの賓客や朝廷の勅使も、ここで将軍と対面した。続いて格式順に白書院、黒書院が並んだ。これらの対面所は御殿の西側に位置し、政務は東側で行われた。

「中奥」では将軍が起居し、大老や老中と話し合いながら日常の政務に当たった。一方、最も広い「大奥」は将軍の御台所（正妻）を中心に側室や子女、そして奥女中らが暮らすプライベート空間で、中奥とは二つの「御鈴の廊下」だけでつながっていた。奥女中の数だけで四百人にのぼったという。また、側室は平均すると一人の将軍が七、八人抱え、十一代家斉にいたっては四十人以上におよんだ。このうち十七人が家斉の子を産み、御台所の子を合わせ、二十六男二十七女、計五十三人が大奥で生まれたという。

ただし、江戸城の本丸御殿は呆れるほど新築と焼失を繰り返した。二条城の二の丸御殿が慶長八（一六〇三）年に落成し、寛永元（一六二四）年から同三年にかけて改修された建築がいまに残るのと対照的である。

家康時代の慶長十一（一六〇六）年に建てられた初代御殿は、二代秀忠の元和八（一六二二）年に建て替えられ、三代家光の寛永十四（一六三七）年にふたたび新造された。ところが、わずか二年後の同十六年に焼失し、三年後に再建されたが、明暦三（一六五七）年の大火で炎上。万治二（一六五九）年に再建された御殿は長く使われたが、天保十五（一八四四）年に焼けてしまう。以後は、弘化二（一八四五）年に建てられた御殿が安政六（一八五九）年に焼け落ち、万延元（一八六〇）年に再建されるも文久三（一八六三）年に焼失。再建されないまま明治維新を迎えた。

破格の規模の御殿が、江戸時代をとおして七回新造され、五回焼失したのだが、江戸の火災は城内にかぎらず、放火が少なくなかったといわれる。

代用天守とされた富士見櫓

南端の富士見櫓から松の廊下、大奥へ

松之大廊下の跡

本丸に入ったら左（西）辺に沿うように歩きたい。まず、南方隅に建つ富士見櫓を背面から眺められる。江戸城に残る唯一の三重櫓で、慶長九（一六〇四）年か十一年に創建されたが明暦の大火で焼失し、万治二（一六五九）年に再建されたものが現存する。

高さ約十五メートルの石垣に支えられた標高二十

御休息所前多聞の内部

大奥の調度などを避難させたと思われる石室

三メートルの高台に建ち、櫓単体の高さは十五・五メートル。全国に現存する十二の天守とくらべても、弘前城や彦根城、宇和島城と同程度で、丸亀城や備中松山城より高い。天守の焼失後、八代将軍吉宗の時代から「代用天守」とされ、将軍はここから品川の海や両国の花火、富士山を眺めたという。太田道灌時代の江戸城には、静勝軒とよばれた望楼式の建物があった。道灌はそこからの眺めを「わがいほは松原つづき海近く富士の高嶺をのきばにぞみる」と詠ったが、その場所が富士見櫓の建つあたりだとされる。富士見櫓を本丸側から見ると、北東側の二層目に唐破風がしつらえられている。また背面にも二層目と三層目には正面と同様に窓がある。一般に櫓の背面は窓や装飾を省略することが多いが、富士見櫓は各面とも装飾性が高く、どこから見ても正面のようなので、八方正面の櫓とよばれる。

左（西）辺をしばらく歩くと、「松之大廊下跡」の石碑がある。浅野内匠頭が吉良上野介に切りつけたことで有名な松の廊下が、意外なほど本丸の西端ぎりぎりにあったことからも、御殿がいかに本丸のすみずみまで建っていたか実感できるだろう。全長六十メートルほどの松の廊下は、将軍宣下の儀式などを行う大広間と、その北の白書院を結んでいた。白書院は将軍の公的な行事などが行われた場所で、大広間に次ぐ格式があった。白書院からは北方に向かっては竹の廊下が延び、日常的な行事などが行われた黒書院と結んでいた。

黒書院のあたりまでが本丸御殿の表で、その先が中奥だった。ちょうど中奥に入ったあたりの西（左）の端に、御休息所前多聞（富士見多聞）が現存する。中奥にあった将軍の御休息所の前に位置していたことから、その名がある。多聞櫓は土塀の代わりに設けられた一層の長屋式の櫓で、日ごろは倉庫として使われ、有事の際は天候にかかわらず櫓内を移動しながら敵を砲撃できた。かつて本丸は十棟を超える多聞櫓で囲まれ、さらに要所が二重、三重の櫓で固められていた。

御休息所前多聞は近年、内部が公開されている。天井や床にチープな板が張られているのは興ざめだが、窓が多いために意外と明るく、格子窓からは二十メートル近い高石垣の下に広がる蓮池濠や、かつて家康を祀る東照宮や歴代将軍の霊廟があった紅葉山を望むことができる。

木製の筋交いは関東大震災後に取りつけられたものだ。

本丸左辺をさらに北方に行くと石室《いしむろ》がある。伊豆半島産の安山岩を直方体に切り、すき間なく積み上げて築かれ、内部は二十平方メートルほどの広さがある。かつての大奥の御守殿や御納戸のすぐ脇に位置することから、火災の際に大奥の調度などをここに避難させたと考えられている。

三回建てられた天守

石室の脇を通り抜けると、本丸の北端近くにある天守台が間近に見える。東西約四十一メートル、南北約四十五メートル、高さ約十一メートルの巨大な石積みは、明暦の大火で天守が焼失したのち、築造を命じられた加賀藩主の前田綱紀が、瀬戸内から運んだ花崗岩を積み上げたものである。しかし、その上に天守が建つことはなかった。事情を理解するためにも、ここで江戸城天守の歴史に触れておきたい。

江戸城天守は短い期間に三度建てられた。家康時代の慶長十一（一六〇六）年に建立された最初の天守は、いまある天守台より二百メートルほど南の本丸中央寄り、御休息所前多聞の向かいあたりにそびえていたが、早くも二代秀忠の時代の元和八（一六二二）年に解体されてしまった。この年、本丸が北に拡張され、本丸御殿も建て直された。それに当たって邪魔になったと考えられる。翌九年に完成した二代目天守の位置は、いまの天守台と変わらないと考えら

白っぽい花崗岩が積まれた天守台

れている。ところが、その天守も三代家光時代の寛永十三（一六三六）年には解体され、翌年までに三代目が完成している。

この寛永度天守は、伊豆産の安山岩を積んだ高さ約十四メートルの天守台にそびえるおよそ四十五メートルの木造建築で、高さの総計は約五十九メートル。二十階建てのビルに相当する史上最も高層の木造建築だった。ちなみに、現存するうち最も背が高い姫路城天守は、本体の高さが三十一・五メートルである。

寛永度天守は「江府御天守図百分之一」「江戸城御本丸御天守建方之図」「江戸城御本丸御天守外面之図」（ともに「甲良家文書」）などから、在りし日の雄姿を知ることができる。五重で天守台内の地階をふくめると六階。下層から最上層まで同じ形を少しずつ小さくしながら積み上げる、層塔型という様式だった。壁面には耐火および耐久性能が高い黒色加工された銅板が貼られ、屋根は銅瓦葺で、軒先の軒平瓦と軒丸瓦には金箔が押されていた。また「江戸図屏風」などに描かれた姿から、屋根には金の鯱が据えられ、破風は金の金具で飾られていたと考えられている。
ところが、高い耐火性能をほこったはずが、新築からわずか二十年足らずで全焼してしまった。明暦の大火についての記録を入手して杉田玄白が記した『後見草』には、「二重の銅窓の戸内より開き、是より火先吹込、移り中候よし」と書かれている。開いていた二層目の窓から火の粉が入ってしまったというのだ。

天守が焼けた際、石垣も烈火で破損して再利用が困難だったので、すでに書いたように中雀門の渡櫓の石垣に転用された。だが、当初は寛永度と同様の天守を再建する計画だった幕府は、新たに同じ規模の天守台を前田家に築かせた。

しかし、当時十六歳だった四代将軍家綱の補佐役で、家光の異母弟（家綱の叔父）であった初代会津藩主の保科正之《ほしなまさゆき》が、天守は「実は軍用には益なく唯観望に備ふるのみなり。これがために人力を費やすべからず」と提言。すなわち、天守は見せるだけのもので実用には役立たないのだから、人力は町の復興に費やすべきだ、と訴えて受け入れられ、再建は中止になってしまった。

以後、六代家宣と七代家継の正徳年間（一七一一～一六）、将軍侍講の新井白石が実権を持った時代にも再建案が浮上し、正徳二（一七一二）年には詳細な図面もつくられたが（「江戸御城御殿守正面之絵図」が現存する）、財政難のために計画は頓挫し、幕府の終焉まで再建されなかったのである。

天守台とはね橋

天守台表面の石積みは白っぽい花崗岩で統一され、巨石が切込接ですき間なく積まれている。一方、前面の小天守台や地階に当たる石蔵には、伊豆方面から運ばれた安山岩も用いられている。明暦の大火で損傷した天守台の石を流用したのだろう。天守台には登ることができるが、眺望への配慮なのか、石蔵が土でほとんど埋められているのが残念だ。

天守台の石積みのなかでも、特に隅角部に注目したい。算木積《さんぎづみ》という積み方の完成形が見られるからだ。算木積とは、崩れにくい石垣を築くのに最も重要な隅角部の強度を上げるための技法で、長辺が短辺の二〜三倍ある直方体の石を、長辺と短辺を交互に組み上げる。短辺の石と、その隣に組み入れられた隅脇石を、上下から長辺の石がはさむ形で鉛直に積み、その結果、建物の荷重に比例して強度が得られるのだ。

熊本地震で被災した熊本城飯田丸五階櫓が、たった一本の角石に支えられて倒壊をまぬかれた姿を記憶している人も多いと思う。あの一本石垣が算木積だった。関ケ原の戦い後の築城ラッシュのなかで進化した算木積の完成形は、江戸城の各所で見られる。とりわけ天守台は直方体の巨石を、下から上へと徐々に小さくしながらすき間なく積み上げてあり、技術の高さはもちろん、美観のうえでも完璧である。

天守台の北側には北桔橋門がある。皇居東御苑の出入り口の一つで、第一章では外から眺めた。枡形門だったが枡形の石垣は撤去され、いまは高麗門しかない。明治初年の写真を見ると、枡形を構成する多聞櫓の前に、二本の木製の樋が延びている。半蔵門から千鳥ヶ淵沿いに導かれた玉川上水が、ここからくみ上げられていたのだ。

また、この門は天守台のすぐ裏の、大奥にも直結する防御上重要な位置にある。このため高麗門の外にかかる橋は、いまはコンクリート製だが、江戸時代には木橋が滑車を使って高麗門側に跳ね上げられ、外から攻める敵が渡れないようになっていた。跳ね上げた橋を固定する四つの金具を、いまも高麗門に見ることができる。

北桔橋門から外に出ても、開園時間内なら引き返すのは自由なので、いったん門を出てみよう。右（東）側に平川濠、左（西）側に乾濠が開け、慶長十九（一六一四）年の第二次天下普請の際、西国の外様大名たちが築いた高さ二十メートル前後の壮大な石垣が本丸を取り囲んでいる。城内で最も高い石垣が、ここから屏風折れを重ねながら五百五十メートルも続く光景は圧巻である。

本丸内に引き返したら、すでに踏破したのと反対の東辺を歩き、本丸休憩所増築棟を訪れたい。ここには令和二（二〇二〇）年九月下旬から、寛永期天守の三十分の一スケールの復元模型が展示されている。建築構造は「甲良家文書」の図面がもとにされ、屋根や壁、金具の材質などは「江戸図屏風」を参考に、建築時期の近いほかの城の天守や江戸城のほかの建造物、家光が関わった日光東照宮の建物なども参考にしつつ推定したという。これを見たあとでもう一

天守台の石蔵は黒っぽい安山岩主体

寛永期天守の復元模型は本丸休憩所増築棟に

天守台に見る算木積の完成形

北桔橋門の梁には跳ね上げた木橋を固定した金具が残る

度天守台を訪れると、在りし日の雄姿を想像しやすい。

3 江戸城二の丸を歩く

上梅林門と汐見坂門

宮内庁書陵部の前を通って東に歩くと、上梅林門の跡を抜けて二の丸に出る。そのとき下る梅林坂の名は、太田道灌が城を築く際、近くに天神社を祀って数百株の梅を植えたという伝承に由来する。現在も梅の木が植えられているので見にくいが、坂の両側の石垣にはおびただしい数の刻印が残る。築石のほとんどが伊豆方面から運ばれた安山岩なので、どの大名の持ち分なのか、区別がつくように刻まれたのだろう。また、上梅林門の渡櫓門跡では、切込接で積まれた新しい石垣が、慶長年間（一五九六～一六一五）の中ごろに築かれたと思われる、割石による古い石積みに接続されているのが、はっきりと確認できる。

二の丸に下ったら南に向かって百五十メートルほど歩いてほしい。右手にそびえる本丸の石垣は、ここの区間は変形してしまったため、平成十四（二〇〇二）年から十七年にかけて解体、修復され、一部の石を入れ替えるなどして復元された。

明暦の大火の前年という微妙な年から築かれた石垣は、元禄大地震後の宝永元（一七〇四）年に修復されたことが、この平成の修復でわかったが、もともと強度に問題があったのだろうか。とはいえ、大きさをそろえて成型された切り石が、横に目地を通して整然と積まれていて美しい。また、築石の表面には無数の縦線が入っている。これは「すだれ仕上げ」といい、石の表面の見栄えをよくするためにノミで刻まれた化粧だ。

石垣が途切れると、本丸に登る坂がある。家康が城を築きはじめたころは、ここから日比谷入江が眺められたという汐見坂である。坂に向かって右手の石垣は、火災による焼損がひどかったので、前述の修復でかなりの石が交換された。その際、もとの石と同じ真鶴産の安山岩を使ったという。汐見坂をのぼると、明暦の大火後に設けられた汐見坂門の跡があり、渡櫓門の石垣は火災で焼けただれたままになっている。

この渡櫓門の切込接で積まれた石垣も、南側で古い石積みに接続されている。白鳥濠からそびえる、荒い割石を積み上げた古い石垣は、慶長十一（一六〇六）年に中国、四国、九州地方の大名が普請を担当したもので、江戸城に残る数少ない家康時代の石垣と考えられている。汐見坂を登った左側の汐見南二重櫓跡の石垣も、隅角部に天守台のような算木積は、まだ見られない。しかし、この江戸城最初期の石垣は数々の地震にも耐え、いまも歪むことなくそびえている。強度の点では慶長期の石垣のほうが、平成の修理が必要となったのちの時代のものに勝っていたということだろうか。

二の丸庭園から下梅林門へ

汐見坂から白鳥濠に沿って二の丸を南に歩くと、大手門から本丸に向かうときに前を通った長い百人番所が見えてくる。その手前の大手三の門、つまり御三家以外の大名はそこで駕籠を降りた下乗門のさらに手前に、二の丸御殿への入り口だった銅門《あかがねもん》の石垣がある。

やはり枡形虎口だったのだが、渡櫓の南側と枡形北側の石垣しか残っていない。しかし、大手三の門と銅門という二つの枡形虎口を並べた堅すぎるほどの守りに、あらためて驚かされる。残された銅門の石垣も、色彩がさまざまな大小の石がすき間なく組まれ、見応えがある。石の表面には化粧がほどこされ、ノミで細かく模様を刻んだ「はつり仕上げ」と、無数の縦線を入れた「すだれ仕上げ」がともに観察できる。

二の丸の東側には二の丸庭園がある。ここは昭和四十二（一九六七）年に皇居東御苑を公開するにあたり、発掘調査の成果と九代将軍家重の時代の絵図面を参考に復元された池泉回遊式庭園だ。京都の龍安寺の石庭のように定点から眺めるのではなく、すでに訪れた大名庭園と同様、歩いてめぐりながら楽しむ庭である。社交の場でもあった江戸時代の大名庭園は、将軍家のものもふくめて基本的にこのスタイルだった。

滝や石橋、州浜などは、図面にできるだけ忠実に再現されたようだ。八重桜、ツツジ、花菖蒲、モミジなど四季折々の植物を楽しめる。また、隣接する二の丸御殿の跡地は雑木林になっ

上梅林門は古い石垣（左）に新しい石垣を継いでいる

汐見坂と汐見坂門の跡

精巧に積まれた銅門の石垣

家重時代の絵図面を参考に復元された二の丸庭園

ており、大手町の高層ビル街から至近距離にあるとは信じがたい。

二の丸庭園を周回して梅林坂の下に戻り、左右に梅林を眺めながら歩くと下梅林門跡を通る。この枡形は約六十メートル×二十五メートルと東西に長い。二の丸から進むと、最初に渡櫓台の石垣を左右に眺めることになるが、手の込

江戸切や谷目地で仕上げられた下梅林門の石垣

んだ工芸品のように精巧な加工が施されている。切込接ですき間なく積まれ、隅角部は「江戸《えど》切《きり》」といって稜線が鋭く切りそろえられている。さらに築石の接合線はノミで溝状に切込まれ、石がふくらんで弾力があるかのように仕上げられた「谷目地」になっている。

下梅林門を通り抜けると、二の丸と三の丸を分ける天神濠が南（右）側にある。この堀はかつて、下乗門の前を通って内桜田門（桔梗門）の枡形の西側まで続いていたが、大正八（一九一九）年、当時の宮内省の諸施設を建てるために五百メートル余りにわたり埋められてしまった。現在はここから南に六十メートル、東に折れて二百メートルほどしか残っていない。しかし、かつての二の丸はこの堀で三の丸との間を明確に分けられていた。

また、高麗門跡の土橋上から天神濠の石垣を眺めると、多数の刻印を見つけることができる。一方、土橋の左側は、北桔橋門前まで本丸の高石垣の下を洗う平川濠だ。橋を渡ると三の丸で、堀に沿って左折すると、大手門、北桔橋門と並んで皇居東御苑の出入り口になっている平川門にいたる。

平川門と帯曲輪

平川門は大奥の女中や旗本、商人らが出入りしたほか、八代将軍吉宗の子や孫が始祖で、将軍家に嗣子がないときに継承する資格があった御三卿の登城口でもあった。渡櫓門の石垣は下梅林門の渡櫓台と同様、江戸切や谷目地が施された凝った仕上げである。

渡櫓門をくぐると土塀に囲まれた枡形で、右手に定石どおり高麗門があるが、渡櫓の左隣にも高麗門が建っている。そちらの門はいつも閉じられ、門扉の向こう側には帯曲輪がある。帯曲輪は平川濠の対岸を構成する土橋状の細長い敷地で、竹橋門まで延びている。

二つめの高麗門は罪人や死者を城外に出すときに使われた不浄門で、浅野内匠頭もこの門から帯曲輪に出され、船で運ばれたといわれる。ただし、これは帯曲輪に出入りするための門で、不浄門とは平川門全体を指す、という説もある。陰陽道では北東の方角を、鬼すなわち邪気が出入りする鬼門として忌み嫌う。江戸城内郭の鬼門に位置する平川門自体が不浄門とよばれたとしても不思議ではない。

いずれにせよ、渡櫓門と二つの高麗門が現存する貴重な遺構である。また、漆喰が塗られた土塀と石垣との間に銃眼を設けた「隠し狭間」も見逃せない。大手門にも見られたが、あちらの塀は復元されたものだ。一方、こちらは現存する。石垣を削って鉄砲用の狭間をあらかじめ設け、その上に土塀を載せたもので、外側から見ると明らかだが、漆喰で塗り籠めた白壁に銃眼が開いているのにくらべ、はるかに気づかれにくい。

枡形を抜けると復元された木橋（平川橋）が架かっている。それもふくめ、江戸城に残る門のなかでも江戸時代の佇まいを最もとどめるのがこの平川門である。橋の上では欄干に取りつけられた、玉ねぎのような擬宝珠《ぎぼし》に注目したい。よく見るとすべての擬宝珠に「慶長拾九年甲寅八月吉日」「寛永元甲子年八月吉日」などの日付とともに、設置者や大工の名が刻まれてい

三の丸側から
見た平川門の
渡櫓門

平川門の渡櫓門
の左隣にあるも
う一つの高麗門

る。これらは西の丸大手橋や西の丸下乗橋（二重橋）の橋の欄干を飾っていた実物で、石橋などに架け替えられる際に外されたものが、ここに移されたのだ。

ところで、木橋の下は、三の丸側から平川門の渡櫓門に向かって西（左）側に眺めた平川濠ではなく、大手門から竹橋門、清水門まで続く堀だ。地図で見ると一目瞭然だが、平川門からは先に記した細長い帯曲輪が西北に延び、堀を分けている。だから、敵が堀を渡って石垣をよじ登ってもそこは帯曲輪で、その先には広大な平川濠が広がり、対岸には二十メートルの高石垣がそびえる。本丸はそれほど堅く守られていたのである。

また、平川門から百メートル余り北には外堀（さらに外側に神田川があるので、事実上は中堀）があり、いまも石垣が一部残る一ツ橋門の枡形が構えられていた。近距離に三重の堀がめぐらされていたのだ。この外堀は第四章に記したように、日比谷入江に注いでいた平川の流れを利用したもので、平川門という呼び名もこの平川に由来する。

4　一般参観で江戸城西の丸を歩く

内桜田門から皇居へ

江戸城の中枢だった本丸、二の丸、三の丸は一般公開されているのに、家康が隠居所として

▶内桜田門の高麗門から櫓門を見る

設けて以来、前将軍や嗣子（次期将軍）の住まいとして使われてきた西の丸は、普段は入ることができない。皇居の宮殿がここ旧西の丸にあるからだ。

西の丸御殿が文久三（一八六三）年に焼失して再建計画中だったところ、同じ年の十月に本丸御殿が焼失。一緒に二の丸御殿まで焼けてしまった。こうして江戸城内の御殿がすっかり失われると、幕府は再建準備を進めていた西の丸御殿を、装飾等を省略した仮御殿としていそいで再建した。このとき二の丸御殿も再建されたが、慶応三（一八六七）年にはもう焼失。結果として西の丸仮御殿が、江戸城が無血開城した際の城内唯一の御殿であったため、明治元（一八六八）年九月に江戸に初めて行幸したとき、明治天皇は西の丸に入城し、そのまま西の丸が皇居の中心となったのである。

だが、皇居一般参観に申し込めば、通るのは決まったルートで定員もあるが、だれでも西の丸に入ることができる。参観は日祝日や月曜日を除くほぼ毎日、午前と午後の二回行われている。集合場所は現存する内桜田門（桔梗門）の前だ。

門前には土橋があるが、江戸時代には高麗門の手前に小さな木橋が架かっていた。木橋の下は堰で、西（左）の蛤濠の水が東（右）の桔梗濠に流れ落ちていた。清水門の前と同じ形式である。よく見ると、ここでも堀の水位が蛤濠のほうが高い。堰を設けて堀の水位に高低差をつけた水戸違いで、土橋になっても、その下に水位を調節するための水路が開けられている。

高麗門をくぐると約十六メートル四方の小さな枡形で、西（左）側には塀がない。敵は堀に落とし、さらに堀向かいの二の丸石垣上にあった的場多聞やその左側の寺沢二重櫓から銃撃するという算段だった。枡形の北面で堀が途切れているので、塀のない西面から敵が容易に侵入できたようにも見える。しかし、この堀は大正時代に埋め立てられるまで、平川門の手前の天神濠までつながり、枡形の西面はこの堀に突き出していた。内桜田門は旗本や御用商人のほか、小藩の大名も本丸への登城口として使い、六〜七万石の譜代大名が警備に当たっていた。それに見あう堅い守りが敷かれていたのだ。

富士見櫓を石垣の下から仰ぐ

渡櫓門をくぐり、枡形の北面に沿って西の丸方向に歩く。渡櫓門の右手（北側）にある建物は大正十（一九二一）年に建てられた旧枢密院で、埋められたかつての二の丸濠の上に建っている。史跡を埋め立てて建てた建物自体に、すでに歴史的建造物としての価値が生まれているという、奇妙な状況だ。

道なりに歩くと右手に、本丸南端の高石垣上に建つ富士見櫓が現れる。この現存する唯一の三重櫓は、すでに遠望したり、本丸側から眺めたりしたが、こうして十五メートルを超える高石垣の上にそびえる姿が一番美しい。向かって左側の一層目は切妻破風の下に、右側は唐破風の下に出窓型の石落としが張り出し、左側の二層目は唐破風で飾られる。均整のとれた美しい装飾である。

加藤清正が積んだ高石垣上に建つ富士見櫓

本丸への入り口だった下埋門

西の丸側から見る坂下門

西の丸から富士見櫓を遠望する

天下普請がはじまって間もなく、築城の名手だった加藤清正が築いた石垣も見ものだ。反りのある勾配の美しさは、同じ清正の手になる熊本城に通じる。隅角部を見ると、算木積はまだ完成されていない。かつては本丸西側の高石垣の下をめぐる蓮池濠が富士見櫓の下まで続き、富士見櫓は水堀から高くそびえていた。ところが、蓮池濠はおよそ六十メートルにわたって埋めら

▶本丸を囲む広大な蓮池濠

れ、石垣の基部が数メートルも土中に埋まってしまったのが残念だ。埋めたあとに建物はないのだから、掘り返してもらえないものか。

富士見櫓の右手の石垣には途切れているところがある。本丸への入り口の一つだった下埋門《しもうずみもん》で、その上にある上埋門《かみうずみもん》と並んで二つの枡形が設けられていた。ただし、普段は使われない虎口だった。

富士見櫓の下を道なりに西へ進むと広大な蓮池濠が広がり、そこからは約四百五十メートルにわたって、本丸西側を囲む高さ二十メートル近い石垣がそそり立っていて圧巻である。本丸の外周を一直線に囲まず、ところどころ折れ曲がっているのは、「横矢掛かり」で、敵に横矢をかける、つまり側面攻撃ができるようにしたものだ。そうすると石垣の強度も高まった。

皇居宮殿が建つ西の丸へ

右に蓮池濠、左に蛤濠を眺めながら西の丸に向かう。本丸の高石垣を背に西の丸の高台を眺めると、本丸を中心とした区域と西の丸が、別々の丘陵に構えられた事実上の独立した城郭であることを実感できる。途中、左側に坂下門が見える。文久二（一八六二）年、井伊直弼から開国政策を継承し公武合体を進めようとした老中の安藤信正が、尊王攘夷派の水戸浪士ら六人に襲撃されて負傷した、坂下門外の変の舞台でもある。

すでに書いたが、坂下門は明治十八（一八八五）年に高麗門が撤去され、土橋からまっすぐ進めるように渡櫓門の位置が東向きに九十度変えられている。明治天皇が入城した西の丸仮御殿は明治六（一八七三）年に焼失し、一時は旧紀州藩徳川家中屋敷であった現赤坂御用地が仮皇居とされていた。しかし、西の丸に新しく明治宮殿を造営すると決まり、明治二十一（一八八八）年に落成した。その工事のために資材をスムーズに運搬できるようにと、坂下門の位置が動かされたのである。

北（右）側に、昭和十（一九三五）年に建てられた宮内庁庁舎を見ながら坂を上る。江戸時代は、この坂には石段が設けられていた。振り向くと松の木越しに富士見櫓が見える。ここからの姿も絵画的に美しい。坂を上りきった平坦地、西の丸には昭和四十三（一九六八）年に建てられた皇居新宮殿があるが、そこにはかつて、いまの宮殿の手前から西の丸御殿が建ちならんでいた。宮殿前の東庭も御殿の建築でおおわれ、手前から南西に向かって本丸御殿と同じように、大奥、中奥、表と分かれていた。

将軍の霊廟跡の上

西の丸の正門は南端にある書院門で、その外には二重橋（正門鉄橋）が架かる。書院門は西の丸玄関前門ともよばれ、全長四十メートル近い城内最大級の渡櫓門だった。その石垣が見事で、亀甲のように切りそろえられた築石がすき間なく積まれ、隅角部は江戸切。ひとつひとつの築石は谷目地でやわらかくふくらんでいるように加工され、城内の石垣で最も整えられてい

二重橋から西の丸大手門（皇居正門）と西の丸下（皇居前広場）を見る

書院門の石垣は石垣築造技術の最後の輝き

る。ところが幕末の古写真を見ると、書院門の石垣はこれほど整っていない。明治六（一八七三）年、西の丸仮御殿が焼失した際に書院門も延焼しており、この石垣はその後、築き直されたものだと思われる。だが、使われている技術は江戸時代までの石垣築造技術の集大成で、その最後の輝きだといえよう。

二重橋に出ると右手には、伏見櫓と手前に建つ十四間多聞を間近

二重橋上から眺める伏見櫓と十四間多聞

蓮池濠と本丸の高石垣と御休息所前多聞

に眺められる。江戸城に残る三棟の重層櫓の一角で、明暦の大火でも焼失を免れた城内最古の建築のひとつでもある。高い位置に架けられた二重橋上からでも見上げる高さに建ち、西の丸の入り口ににらみを利かせていた。伏見櫓は入母屋屋根の反りが大きく、一層目に入母屋破風、二層目に唐破風と装飾が重なるのも美しく華やかだ。廃城になった伏見城から移築されたともいわれるが、異論も多い。また、見ることはできないが、伏見櫓の背後にも十六間多聞とそれに続く塀が現存する。

宮殿東庭を引き返し、宮殿の北側に沿って西に向かい、紅葉山を左手に見ながら蓮池濠のほとりに戻る。

紅葉山にはかつて東照宮があり、そこに向かう参道の左側には二代将軍秀忠の霊廟が、右側には三代家光から六代家宣までの霊廟が並んでいた（敷地にかぎりがあるので七代家継以降は合祀された）。しかし、明治天皇が江戸城に入ったのちには、そこに以前の支配者の霊廟があるのは不都合だった。明治元（一八六八）年末、徳川宗家の徳川家達《いえさと》に撤去が命じられ、翌年八月までに完了した。しかし、家宣の霊廟跡に宮内庁の庁舎が建ち、蓮池濠につながる道も、まず秀忠の霊廟を貫通し、家光、家綱、綱吉の霊廟跡を削りとるように通っているのを知ると、複雑な気持ちになる。

蓮池濠に出ると本丸の高石垣を正面から眺められる。この石垣はほぼ全体が、慶長九（一六〇四）年からの第一次天下普請で積まれた状態がほぼ保たれていると考えられている。そして左斜め前には、本丸側から眺めた御休息所前多聞（富士見多聞）が石垣上に建つ。かつて本丸には十五基もの多聞櫓が並び、要所を二重、三重の櫓が固めていた。だが、多聞櫓がひとつ残るだけで、その雄姿を想像しやすくなるのではないだろうか。

おわりに

東京に残る江戸由来の歴史的スポットを紹介する書籍は少なくないが、いまに残る江戸時代の建築物や構築物に絞って取り上げた出版物は、私が探したかぎりでは見つからなかった。しかし、そういう企画があってもよいのではないか。「はじめに」にも書いたが、私には以前から、現存する建築物や構築物こそが、過去の光景を思い描くための「なによりの道標になる」という思いがある。とりわけ江戸についてそう感じている。

近世の江戸が終焉して百五十余年しか経たないが、その後、地震や戦災を交えた度重ねての破壊によって何度も更新されたいまの東京の景観から、江戸をしのぶのは難しい。それだけに、往時から三次元の空間を形成しつづけている建物や石垣、庭などを眼前にしたときのよろこびや驚きはひとしおで、そのときかつての江戸が、われわれがいま生きる空間と、たしかにつながっていると実感できるのである。

ファッション&ライフスタイル誌「GQ Japan」のウェブ版に、令和元（二〇一九）年十二月から「東京でみつける江戸」の連載をはじめるにあたっての問題意識は、右の通りであった。その原稿を大きく修正し、筆を加え、書き下ろしを追加したのが本書である。全体の三分の二は、内容が更新され、あるいは新たに書かれたと思ってもらって差し支えない。

江戸に対しては捕物帳などの時代劇の影響か、町人地のイメージを抱く人も多いが、かつての町人地で江戸の名残を視認できる場所はほとんどない。だが、そもそも江戸は町人の町というより、明らかに武士の町であった。幕府が江戸の範囲を示した文政元（一八一八）年の「江戸朱引図」が残っているが、その範囲における土地利用の内訳は、明治二（一八六九）年の調査によれば、武家地の千百六十九万二千五百九十一坪（六十八・六パーセント）に対し、町人地は二百六十九万六千坪（十五・八パーセント）にすぎず、二百六十六万千七百四十七坪（十五・六パーセント）の寺社地が続いた。江戸は参勤交代制度によって全国の武士が一極集中する、特殊な都市だったのである。だから、江戸の約七割を占めた武家地と、彼らが庇護した寺社に目を向けたほうが、東京にかつての江戸を見つけるチャンスは明らかに増える。そのことも伝えたかった。

ところで、私はオペラを中心としたクラシック音楽の評論活動を行っている。西洋の芸術についての物書きがなぜ江戸なのか、と疑問に思われるかもしれないが、私のなかには矛盾は微《み》塵《じん》もない。理解を得るために、多少の自分語りを許してもらえるだろうか。

中学時代は日本の城郭に夢中になり、城に関する本を読み漁るとともに、時間が許すかぎり各地の城を訪れ、整備される前の中世城郭の実測図作成に挑んだこともある。

一方、多感な思春期の心には、明治六（一八七三）年の廃城令で多くの城郭が破却されたのにはじまり、近代化の過程で過去の遺産が次々と失われ、さらには太平洋戦争の空襲で決定的に破壊されたという事実は、深く刺さった。戦後の乱開発で、各地の中世城郭はもとより日本の原風景がいとも簡単に失われる状況にも、苦しさを感じた。だから、大学で卒業論文のテーマに「日本の伝統と近代化の相克」を選んだのは自然な流れであったが、一方で、日本のような「相克」がなかった西洋をうらやむ気持ちが生じ、ヨーロッパ、わけてもイタリアの文化の世界に沈潜するようにもなっていった。

以来、伝統や文化とそれらへの向き合い方について、日本とヨーロッパをたがい違いにくらべてきたが、そうしながら強く頭をもたげてきたのは、自らの伝統や文化に誇りをもつヨーロッパの人たちに日本の伝統や文化を、自信をもって見せられる日本人でありたい、と願う気持ちであった。

失われゆく日本の歴史的景観から絶望のあまり目を背けるように、過去につながる景観が守られているヨーロッパに逃避していた時期もあったが、逃げていてはいけないのだろう。自らの伝統や文化に自信をもって目を向ける日本人が増えれば、それらはおのずと守られるようになる。本書を執筆した動機も、さかのぼればそこにあり、その心根は日ごろ西洋の文化に深く接していてこそ生まれている。だから私にとって、日本の歴史や文化を考察することは、ヨーロッパのそれを考察することと表裏一体のものである。

摩天楼の乱立する東京のなかに、誇りうる江戸の遺産を見つけるための一助に、本書がなることを願っている。最後に、連載を快諾してくださった「ＧＱ Ｊａｐａｎ」の鈴木正文編集長と岩田桂視氏、書籍化に当たってお世話になった平凡社の岸本洋和氏、岸本氏を紹介してくださった教育ジャーナリストのおおたとしまさ氏への、感謝の気持ちを記したい。

主要参考文献

『図説 江戸城 その歴史としくみ』(平井聖監修、学習研究社、二〇〇八年)
『江戸城――その全容と歴史』(西ヶ谷恭弘、東京堂出版、二〇〇九年)
『江戸城の縄張りをめぐる』(西野博道、幹書房、二〇一一年)
『江戸の城づくり』(北原糸子、ちくま学芸文庫、二〇一二年)
『江戸と江戸城』(内藤昌、講談社学術文庫、二〇一三年)
『図説 江戸城の石垣』(鈴木啓、歴史春秋出版、二〇一三年)
『徳川吉宗と江戸城』(岡崎寛徳、吉川弘文館、二〇一四年)
『江戸城を極める』(加藤理文、サンライズ出版、二〇一四年)
『江戸城 築城と造営の全貌』(野中和夫、同成社、二〇一五年)
『江戸城の秘密 歩いてわかる!』(原史彦監修、洋泉社、二〇一五年)
『江戸城のインテリア――本丸御殿を歩く』(小粥祐子、河出書房新社、二〇一五年)
『江戸城の全貌』(萩原さちこ、さくら舎、二〇一七年)
『江戸始図でわかった「江戸城」の真実』(千田嘉博・森岡知範、宝島社、二〇一七年)
『新発見! 江戸城を歩く』(黒田涼、祥伝社、二〇一九年)
『城郭考古学の冒険』(千田嘉博、幻冬舎、二〇二一年)

『レンズが撮らえた 幕末日本の城』(小沢健志・三浦正幸監修、來本雅之編著、山川出版社、二〇一三年)
『古写真で見る 幕末の城』(三浦正幸監修、來本雅之編著、山川出版社、二〇二〇年)
『復元CG 日本の城』I〜II(三浦正幸監修、山川出版社、二〇一九年)
『江戸大名下屋敷を考える』(児玉幸多監修、品川区立品川歴史館編、雄山閣、二〇〇四年)
『日本史リブレット87 大名屋敷と江戸遺跡』(宮崎勝美、山川出版社、二〇〇八年)
『大名屋敷の謎』(安藤優一郎、集英社、二〇〇八年)
『江戸の大名屋敷』(原史彦編著、洋泉社、二〇一一年)
『江戸の大名屋敷を歩く』(黒田涼、祥伝社、二〇一一年)
『歩く 知る 江戸城と大名屋敷』(歴史REAL編集部編、洋泉社、二〇一六年)
『埋もれた江戸 東大の地下の大名屋敷』(藤本強、吉川弘文館、二〇一七年)
『重ね地図で読み解く大名屋敷の謎』(竹内正浩、宝島社、二〇一七年)
『六義園』(森守、東京都公園協会、一九八一年)
『江戸の大名庭園/饗宴のための装置』(白幡洋三郎、INAX出版、一九九四年)
『江戸の庭園——将軍から庶民まで』(飛田範夫、京都大学学術出版会、二〇〇九年)
『六義園の庭暮らし』(小野佐和子、平凡社、二〇一七年)
『大名庭園 江戸の饗宴』(白幡洋三郎、ちくま学芸文庫、二〇二〇年)
『お殿様の人事異動』(安藤優一郎、日本経済新聞出版社、二〇二〇年)
『大名の「定年後」』(青木宏一郎、中央公論新社、二〇二一年)
『上野寛永寺 将軍家の葬儀』(浦井正明、吉川弘文館、二〇〇七年)

『江戸寺社大名庭園』（こちずライブラリ、二〇一四年）
『江戸名所図会を読む』（川田壽、東京堂出版、一九九〇年）
『江戸図屏風の謎を解く』（黒田日出男、KADOKAWA、二〇一〇年）
『江戸名所図屏風を読む』（黒田日出男、KADOKAWA、二〇一四年）
『広重TOKYO 名所江戸百景』（小池満紀子・池田芙美、講談社、二〇一七年）
『写真のなかの江戸 絵図と古地図で読み解く20の都市風景』（金行信輔、ユウブックス、二〇一八年）
『秘蔵古写真 江戸』（日本カメラ博物館監修、山川出版社、二〇一九年）
『江戸東京の寺社609を歩く』下町・東郊編、山の手・西郊編（槇野修、PHP研究所、二〇一一年）
『江戸の神社・お寺を歩く』城東編、城西編（黒田涼、祥伝社、二〇一二年）
『江戸上水道の歴史』（伊藤好一、吉川弘文館、二〇一〇年）
『玉川上水 武蔵野 ふしぎ散歩』（福田恵一、農山漁村文化協会、二〇一一年）
『江戸・東京水道史』（堀越正雄、講談社学術文庫、二〇二〇年）
『江戸の川・東京の川』（鈴木理生、井上書院、一九八九年）
『東京の空間人類学』（陣内秀信、ちくま学芸文庫、一九九二年）
『江戸はこうして造られた』（鈴木理生、ちくま学芸文庫、二〇〇〇年）
『街道の日本史20 江戸 街道の起点』（藤田覚・大岡聡編、吉川弘文館、二〇〇三年）
『江戸のなりたち1 江戸城・大名屋敷』（追川吉生、新泉社、二〇〇七年）
『江戸のなりたち2 武家屋敷・町屋』（追川吉生、新泉社、二〇〇七年）
『江戸のなりたち3 江戸のライフライン』（追川吉生、新泉社、二〇〇八年）

『新装版・江戸の町（上）巨大都市の誕生』（内藤昌、穂積和夫イラストレーション、草思社、二〇一〇年）
『新装版・江戸の町（下）巨大都市の発展』（内藤昌、穂積和夫イラストレーション、草思社、二〇一〇年）
『都市 江戸に生きる シリーズ日本近世史④』（吉田伸之、岩波書店、二〇一五年）
『江戸の都市力――地形と経済で読みとく』（鈴木浩三、筑摩書房、二〇一六年）
『東京の歴史2 通史編2 江戸時代』（吉田伸之ほか編、吉川弘文館、二〇一七年）
『江戸の大普請』（タイモン・スクリーチ、講談社学術文庫、二〇一七年）
『徳川四代 大江戸を建てる』（河合敦監修、実業之日本社、二〇一七年）
『江戸→TOKYO なりたちの教科書』1〜4（岡本哲志、淡交社、二〇一七〜一九年）
『江戸東京の明治維新』（横山百合子、岩波書店、二〇一八年）
『都市空間の明治維新――江戸から東京への大転換』（松山恵、筑摩書房、二〇一九年）
『地図で読みとく江戸・東京の「地形と経済」のしくみ』（鈴木浩三、日本実業出版社、二〇一九年）
『新・江戸東京研究 近代を相対化する都市の未来』（陣内秀信監修、法政大学出版局、二〇一九年）
『古地図でわかる！大江戸 まちづくりの不思議と謎』（山本博文監修、実業之日本社、二〇二〇年）
『水都 東京――地形と歴史で読みとく下町・山の手・郊外』（陣内秀信、筑摩書房、二〇二〇年）
『オランダ商館長が見た江戸の災害』（フレデリック・クレインス、講談社、二〇一九年）
『「江戸大地震之図」を読む』（杉森玲子、KADOKAWA、二〇二〇年）
『パンデミックvs.江戸幕府』（鈴木浩三、日経BP・日本経済新聞出版本部、二〇二〇年）
『カラーブックス 皇居』（入江相政、保育社、一九六二年）
『図解 江戸の暮らし事典』（河合敦監修、学習研究社、二〇〇七年）

『ご近所富士山の「謎」 富士塚御利益散策ガイド』（有坂蓉子、講談社、二〇〇八年）
『富士山文化――その信仰遺跡を歩く』（竹谷靱負、祥伝社、二〇一三年）
『地図と愉しむ東京歴史散歩 お屋敷のすべて篇』（竹内正浩、中央公論新社、二〇一五年）
『決定版 江戸散歩』（山本博文、KADOKAWA、二〇一六年）
『神楽坂から早稲田まで』1〜2（伊藤徹子、柳町クラブ、二〇一七〜一九年）
『新江戸百景めぐり』（江戸文化歴史検定協会編、小学館、二〇一九年）
『最後の秘境 皇居の歩き方』（竹内正浩、小学館、二〇一九年）
『東京裏返し 社会学的街歩きガイド』（吉見俊哉、集英社、二〇二〇年）
『古地図と地形図で発見！ 江戸・東京 古道を歩く』（荻窪圭、山川出版社、二〇二〇年）
『東京スリバチの達人』分水嶺東京北部編、分水嶺東京南部編（皆川典久、昭文社、二〇二〇年）
『新版 古地図で読み解く 江戸東京 地形の謎』（芳賀ひらく、二見書房、二〇二〇年）
『仏像破壊の日本史 神仏分離と廃仏毀釈の闇』（古川順弘、宝島社、二〇二〇年）
『景観からよむ日本の歴史』（金田章裕、岩波書店、二〇二〇年）
『日本の歴史的建造物 社寺・城郭・近代建築の保存と活用』（光井渉、中央公論新社、二〇二一年）

本著作は、「GQ JAPAN Web」（Condé Nast Japan / gqjapan.jp）に2019年12月より2021年3月に掲載された「東京でみつける江戸」を元に、大幅に加筆・修正したものです。

写真はすべて著者撮影です。

【著者】
香原斗志（かはら とし）
歴史評論家、音楽評論家。神奈川県出身。早稲田大学教育学部社会科地理歴史専修卒業。小学校高学年から歴史に魅せられ、中学時代は中世から近世までの日本の城郭に傾倒。その後も日本各地を、歴史の痕跡を確認しながら歩いている。音楽、美術、建築などヨーロッパ文化にも精通し、オペラを中心としたクラシック音楽の評論活動も行っている。著書に『イタリアを旅する会話』（三修社）、『イタリア・オペラを疑え！』（アルテスパブリッシング）がある。

平凡社新書975

カラー版 東京で見つける江戸

発行日——2021年5月14日　初版第1刷

著者——香原斗志
発行者——下中美都
発行所——株式会社平凡社
東京都千代田区神田神保町3-29　〒101-0051
電話　東京（03）3230-6580［編集］
　　　東京（03）3230-6573［営業］
振替　00180-0-29639
印刷・製本—図書印刷株式会社
装幀——菊地信義

ISBN978-4-582-85975-1
NDC分類番号213.6　新書判（17.2cm）　総ページ240
平凡社ホームページ　https://www.heibonsha.co.jp/